Ausbildung von Pferd und Reiter für das Western-Turnier

von Pat Close und Mona Betts
übersetzt von Eva M. Hoppe

EDITION WESTERN REITEN
Siegmund Verlag

Pat Close und Mona Betts:
Ausbildung von Pferd und Reiter für das
Western-Turnier

übersetzt von:
Eva M. Hoppe, Wenzendorf

verlegt im März 1986 bei:
Siegmund Verlag, D 2151 Moisburg,
Kutschers Weg 5, Telefon 0 41 65/66 09

Lizenz von:
The Western Horseman, Colorado Springs,
Colorado

Titel der Original-Ausgabe:
Riding and Training for the Show Ring

Lektorin: Margret Siegmund

Gestaltung:
W. Christian Siegmund

Satz:
Satzzentrum Oldenburg GmbH, Oldenburg

Lithos:
Niemann Scan Reprotechnik, Oldenburg

Papier:
Cover: Chromolux 700, 180 g/qm,
Inhalt: HANNO'ART matt, 115 g/qm, Hannoversche Papierfabriken/
geliefert durch E. Michaelis & Co. (GmbH & Co.)

gedruckt bei:
Druckerei Haferkamp, Oldenburg

gebunden bei:
Alster Buchbinderei, Hamburg

ISBN 3-923251-26-2

Vorwort der Übersetzerin

(teilweise zitiert nach Aussagen der Vielseitigkeitsreiterin Sheila Willcox)

Sie, die Sie dieses Buch lesen, reiten und trainieren Pferde als Hobby, aus Spaß und aus Liebe zum Pferd.
Sie sind keine Berufsreiter oder ausgebildete Reitlehrer. Daher sollten Sie viel mehr Geduld und Liebe aufbringen, als diese es manchmal vermögen.
Pferde sind für Lob sehr empfänglich. - Wenn wir unsere Reiterhilfen falsch oder unkorrekt geben, so kann das Pferd nichts dafür.
Mit Strafen sollten Sie sehr sparsam sein und immer bedenken, daß das Pferd Sie manchmal nicht gleich versteht. Ein ungerechtes Strafen kann Ihre mühevolle Trainingsarbeit zunichte machen, und Sie müssen wieder von vorn anfangen.
Die Pferdeausbildung ist ein wundervoller Charaktertest. Sie erfordert viel Geduld und Einfühlungsvermögen.
Ein sogenanntes ,,schlechtes'' Pferd kommt nicht so zur Welt, es wird erst durch den Menschen dazu gemacht.
Wenn es uns auf den Fuß tritt oder den Schweif ins Gesicht schlägt, dann ,,weiß'' es nicht, daß es möglicherweise etwas angerichtet hat. Dafür darf es nicht gestraft werden, sonst wird es nervös und verliert das Vertrauen.
Jeder sollte sich geloben, seinem Pferd oder überhaupt einem Pferd jemals im Maul zu reißen, denn das ist eine unverzeihliche Handhabung von Unwissenden und Jähzornigen. Ein solches Pferd wird im Maul hart.
Bei einem Berufstrainer kann es schon drei Monate dauern, eine Lektion einzuüben.
In Reiterkreisen hört man oft für Pferde Bezeichnungen wie ,,blöder Bock'', ,,dummes Pferd'', ,,häßlich gebaut'', ,,unmögliche Gänge'' etc.
Sind wir Menschen denn alle schön, intelligent, bestechend und anmutig in unseren Bewegungen?
Sicher nicht, denn wir haben unsere Kriterien noch nicht gefunden.
Also, seien Sie Ihren Pferden gute Partner und Freunde!

Vorwort

(Dick Spencer III.)

Das Interesse an Pferdeschau-Vorführungen wächst von Jahr zu Jahr, und der Trend führt zu immer mehr Vorführungen, noch mehr Klassen und noch schwereren Klassen hin.
Die Idee zu diesem Buch entstand aufgrund der Resonanz auf die verschiedenen Artikel, die von Pat Close und Mona Betts veröffentlicht wurden.
Beide haben seit mehreren Jahren Pferde auf Pferdeschauen vorgestellt und sind heute noch aktive Turnierreiterinnen.
- Als das Interesse an den Vorführungen und Turnieren zunahm, war es nur natürlich, daß auch die Konkurrenz und der Wettkampf insgesamt stärker wurden. -
Dieses Buch ist richtungweisend für die reiterliche Basis. Es versucht, Sie mit dem vertraut zu machen, was im Schauring oder beim Turnier erwartet wird, und es vermittelt gleichzeitig, wie Sie das Ziel mit Ihrem Pferd erreichen können. Es soll kein Führer durch „Turniergeheimnisse" sein, sondern hier soll eine Basis vermittelt werden für gute Turniere, und zwar im „Western-Pleasure" (Harmonie von Pferd und Reiter), „Trail-Horse"-Prüfung (Gelände- und Verlaßpferd), „Equidation" (Reiterprüfung), „Western-Riding" (aus der Gebrauchsreiterei) und „Reining" (Aufgabenprüfung).
Vieles, was dieses Buch vermittelt, kann man sich selbst beibringen, wenn man gewillt ist, an sich zu arbeiten, um in eine bessere Klasse zu gelangen.
In diesem Buch gibt es viele Antworten auf viele Fragen. Erklärungen für manches, worüber Sie vielleicht noch nicht nachgedacht haben. - Verwenden Sie die später genannten Techniken und Tips für sich und Ihr Pferd. Üben Sie! Trainieren Sie, die nächste Schleife ist dann die Ihre.
- In erster Linie wurde dieses Buch für Leute geschrieben, die auf Turnieren erfolgreich sein wollen. -
Aber auch dann, wenn Sie nicht an Turnieren teilnehmen wollen, hilft Ihnen dieses Buch, zusammen mit Ihrem Pferd ein besseres Team zu werden.

Mona Betts

wurde in Denver, Colorado, geboren und ist dort aufgewachsen. Sie hat ihr ganzes Leben bis jetzt in Denver und Umgebung verbracht. Sie ist Randall High-School Absolventin, und ihr Interesse an Pferden begann über die Freunde ihrer Mutter, die eigene Pferde hatten. Ihre ersten Erfolge hatte sie in der Saddle Seat Equitation auf einem Leihpferd.

Mit dem Reiten privater Pferde, Jagd- und Springpferden, erzielte sie dann Fortschritte.

Ihr Vater sah das als zu gefährlich an und hielt sie „am Boden". Er kauft ihr ein Saddlebread (Fünfgänger). Sie stellte einige Jahre diese Gang-Pferde vor. Nachdem ihr Vater sich erweichen lassen hatte, stieg sie wieder um auf Jagd- und Springpferde. Danach ging sie dazu über, Araber zu trainieren und vorzuführen, erfolgreich im ganzen Land.

Mona hat bei Dressur- und Schauvorführungen viele Siege errungen, dabei die hohe Auszeichnung der Rocky Mt. Horse Show-Association. Ihr Erfolgspferd war Zarwi, ein Araber-Wallach. Er wurde 1969 zum besten Araber-Wallach der Nation ernannt, über die AHSA (Foto).

Gelegentlich stellt Mona auch Quarter-Horses, Saddlebreads und Jagdpferde vor. Ihre spezielle Freude war das „catchriding" für verschiedene Pferdeeigner auf Turnieren.

Mona ist die Schwiegertochter von Mr. und Mrs. Burr Betts und lebt auf der „Betts-2-0-Araber-Ranch in Parker, südöstlich von Denver. Sie reitet dort junge Pferde ein und stellt sie auf Turnieren vor.

Mona arbeitet gern mit Jugendlichen zusammen und gibt ihnen und auch Erwachsenen Reitunterricht.

Foto 1: Mona Betts

Pat Close

ist in Florida geboren und aufgewachsen. Wie so viele Mädchen ihres Alters liebte sie Pferde und verband ihr Hobby mit ihrem Job. Mit 5 Jahren hatte Pat ihre erste Reitstunde im englischen Sattel. Während sie die Junior-High-School besuchte, begann sie mit den „Western-Riding-Klassen" auf ihrem Pferd Smoky. Die Reiterprüfung machte sie auf einem Schulpferd. Während der darauffolgenden Jahre gewann sie so viele Pokale und Schleifen, die ein ganzes Zimmer füllen. Außerdem erhielt sie noch einige hochdotierte Auszeichnungen (Western-Division). Das waren ihre ersten Jahre auf dem Sunshine Circuit.

Nach dem Universitätsabschluß arbeitete sie für die Universität für Agrarwirtschaft in Illinois. Sie wollte aber im Westen leben und zog nach einigen Jahren nach Colorado-Springs und wurde Mitarbeiterin im „The Western Horseman" als Redaktionsassistentin.

In den letzten Jahren hat Pat mehrere Quarter-Horses besessen und vorgestellt, aber ihr Favorit, den sie nie verkaufen wird, ist Cubby Sugar (Foto).

Sie stellte Cubby schon in mehreren Klassen vor, aber mit größtem Erfolg im „Western-Riding".

1969 gewann das Team die höchste Auszeichnung in der Senioren-Klasse für Western-Riding von der Rocky Mt. Association. Gleich im Anschluß an den ersten Erfolg von 1968.

Pat trainiert gelegentlich Pferde für andere Leute und gibt nebenbei ein paar Reitstunden. Sie arbeitet mit dem 4-H-Club in El Paso County zusammen.

Foto 2: Pat Close

Ausbildung des Pferdes an der Longe

Wenn man im Lexikon das Wort „Longe" sucht, so steht dort als Erklärung: Mit dem Pferd vom Boden aus an der langen Leine trainieren. Ausgesprochen: Longsche.
Egal, wie es ausgesprochen wird, longieren ist eine feine Sache, mit dem Pferd zu arbeiten.
(Harry Boldt, deutscher Dressurreiter, meint allerdings, daß longieren als Weiterbildung eines bereits gerittenen Pferdes nicht notwendig ist, da man das Pferd besser vom Sattel aus arbeiten kann. Anmerk. d. Übersetzerin.)
Longieren ist gut für ein junges Pferd, ein krankes Pferd sowie als Bewegungsmöglichkeit anstatt des Reitens, wenn frei laufen lassen nicht möglich ist. Dann aber als Minimum 20 Min. Trab, 10 auf jeder Seite. Sinnvoll ist auch das Ablongieren eines heftigen Pferdes vor dem Turnier oder dem Reiten.
Kommandos wie Schritt, Trab, Galopp, Whoa oder Halt können dem Pferd schon an der Longe beigebracht werden. Dann weiß das Pferd nachher unter dem Sattel schon in etwa, was Sie von ihm wollen. Das macht das Zureiten schon etwas leichter. Longieren hilft dem Pferd, auf der richtigen Hand zu gehen und den richtigen Fuß zu gebrauchen.
Wenn es versucht, auf der rechten Hand im Linksgalopp oder auch

Foto 3: Longieren ist die beste Art, ein junges Pferd zu trainieren und ihm die richtigen Kommandos beizubringen. Es hilft dem jungen Pferd, auf dem richtigen Fuß anzugaloppieren. Man kann ein Pferd an der Longe vor dem Reiten entspannen.

Außengalopp genannt, zu gehen, wird es das schnell als unbequem empfinden und dann normalerweise in den Handgalopp wechseln.
Beim jungen Pferd legt man den Stattel zuerst sehr vorsichtig auf und sollte die Steigbügel befestigen. Wenn die Bügel beim Longieren dem Pferd in die Flanken schlagen, kann es sehr heftig reagieren.
Bevor Sie das Pferd zum ersten Mal besteigen, sollten Sie es vorher ablongieren, denn dann ist es vielleicht nachher zu müde, um noch großartig zu buckeln.
Um ein Pferd zu longieren, brauchen wir ein normales Halfter, Führleine, Longe oder ein langes Lasso, eine kurze Gerte und eine Longierpeitsche. Und dann vor allem einen abgegrenzten Platz oder Korral.
Ein rechteckiger oder quadratischer Platz ist gut, ein runder Korral besser. Bei einer viereckigen Bahn kann das Pferd leichter ausbrechen, wenden, zurück oder in die Ecke laufen oder sich überhaupt weigern, zu gehen.
Bei einem runden Korral hat das Pferd mehr „Anlehnung". Wenn das Pferd sich an das Longieren gewöhnt hat, kann man überall arbeiten, in der Halle, auf dem Platz oder auf der Weide.
Als erstes bringt man dem Pferd bei, an der Führleine um einen herumzugehen. Halten Sie die Führleine in der einen Hand und die Gerte in der anderen, und stellen Sie sich gegenüber der Flanke des Pferdes hin (Foto 4).

Foto 4: Diese Stute lernt das Longieren auf der linken Hand. Julie Temple hält die Führleine in der linken Hand und die Gerte in der rechten Hand hinter dem Pferd. Sie steht gegenüber der Flanke des Pferdes.

Das ist sehr wichtig! Sie können das Pferd leichter in Bewegung halten, wenn es versucht zu wenden, zu stoppen oder auf Sie zugeht. Das Pferd wird in kurzer Zeit verstehen, was Sie von ihm wollen: daß es um Sie herumgehen soll.
Um das Pferd ins Vorwärts zu bringen, sagen Sie „Schritt", schnalzen mit der Zunge und berühren es leicht mit der Gerte von hinten. Nach einigen Runden sagen Sie „Whoa" und geben über die Führleine einen kurzen Ruck an das Pferd weiter.
Dann veranlassen Sie das Pferd zum Wenden und üben es auf der anderen Hand. Während das Pferd an der Führleine ist, lassen Sie es nicht schneller gehen als im langsamen Trab. Wird das Pferd schneller oder fällt in den Galopp, so kann es sich auf diesem sehr kleinen Kreis nicht ausbalancieren und stürzt oder tritt sich.
Hat das Pferd nun gelernt, sauber um Sie herumzugehen, und zwar in beiden Richtungen, so tauschen Sie die Führleine gegen die Longe aus und die Gerte gegen die Longierpeitsche (Foto 5).

Foto 5: Nachdem die Stute an der Führleine gut in beide Richtungen geht, wird die Führleine gegen die Longe ausgetauscht. Jetzt kann das Pferd einen großen Zirkel gehen.

Nun kann das Pferd einen größeren Kreis um Sie herum beschreiben. Soll das Pferd antraben, sagen Sie „Trab" und tippen es dabei leicht von hinten mit der Longierpeitsche an. Das gleiche machen Sie beim Galopp.
Zuerst wird es leichter sein, das Pferd vom Trab in den Galopp zu bringen, aber wenn es die verschiedenen Kommandos erst unter-

scheiden kann, bringen Sie es auch aus dem Schritt in den Galopp. Achten Sie dabei auf den richtigen Fuß. Rechtsgalopp, rechter Fuß greift weiter vor, Linksgalopp, linker Fuß greift weiter vor.
Sie werden erkennen, daß das Pferd die eine oder andere Seite lieber geht, meistens linksherum. Es gibt auch bei Pferden „Rechts- und Linkshänder".

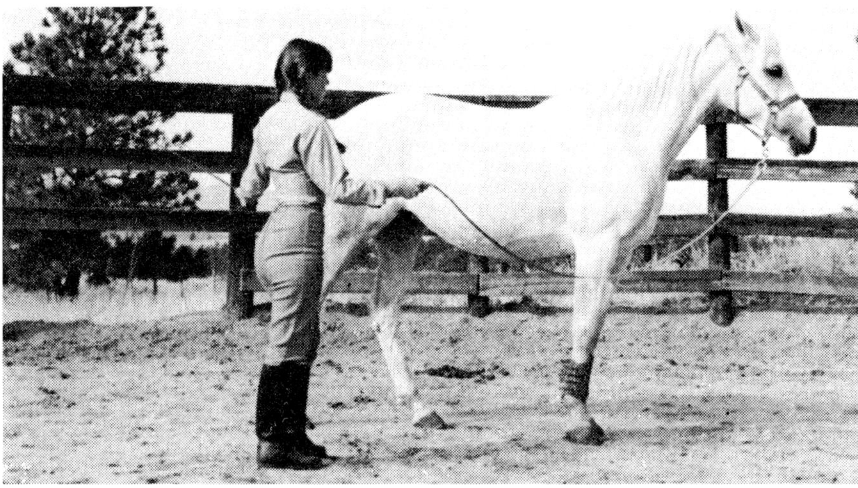

Foto 6: Hier zeigen wir die korrekte Stellung des Pferdes an der Longe auf der rechten Hand. Die Stute trägt Leder-Gamaschen an den Vorderbeinen, damit sie sich, falls sie streift, nicht verletzt.

Foto 7: Der Führer des Pferdes beschreibt einen kleinen Kreis auf seiner Standposition, immer mit dem Gesicht zur Flanke des Pferdes.

Beim Handwechsel bleibt das Pferd stehen und sieht Sie an. Stellen Sie sich ihm gegenüber und gehen Sie vorsichtig an die Flanke des Pferdes heran; wenn das Pferd wieder versucht, zu wenden, tippen Sie es leicht von hinten mit der Peitsche an und treiben es voran. Wenn das Pferd die Kommandos kennt, kann man auch ohne Longe nur mit der Stimme arbeiten. Das macht das Training interessanter.

Foto 8: Mit einem Ohr zum Trainer hört die Stute die gewohnten Kommandos und gehorcht.

Foto 9: Nachdem die Stute gelernt hat, an der Longe zu gehen und die Kommandos zu befolgen, arbeiten wir frei ohne Longe.

Soll das Pferd langsamer gehen, so geben Sie das Kommando: ,,Te-he-rab''. Dann fällt es aus dem Galopp in den Trab. Das gleiche vom Trab in den Schritt mit ,,Sche-he-ritt''.
Bei ,,Whoa'' steht es, und bei ,,Hopp'' lassen Sie das Pferd kurz kehrt auf der Hinterhand wenden.

Foto 10: Während des Galopps wurde der Stute das Kommando zum Wenden gegeben. Nach dem Umspringen auf der Hinterhand galoppiert die Stute in der anderen Richtung weiter.

Foto 11: Nach dem Training kommt die Stute zum Trainer in die Mitte des Zirkels und holt sich die Belohnung ,,Gutes Mädchen''.

Das geht folgendermaßen: Erst ein Stop, dann gehen Sie auf das Pferd zu und halten ihm die Peitsche vor. Es lernt schnell auf dieses Zeichen oder zusätzlich auf ,,Hopp'' zu wenden. Es spielt dabei keine Rolle, ob das Pferd dabei zum Zaun hin oder zur Bahnmitte hin wendet. Das Wenden in Richtung des Zaunes hilft dem Pferd aber, die Hinterhand vermehrt unterzusetzen, also ein ,,Roll-Back'' zu vollziehen.
Geben Sie die Kommandos immer in autoritärer Stimmlage und in korrektem Ablauf. Das Pferd respektiert keine leise, undeutliche Aussprache. Wählen Sie Ihre Feldwebelstimme.

Schenkeldruck

Vorab:
Alle Hilfen müssen immer komplett, einheitlich, aufeinander abgestimmt gegeben werden.
Wir behandeln jetzt einzelne Punkte extra, aber nachher, in der Praxis, müssen Sie Schenkel-Zügel-Gewichtshilfe gleichzeitig geben. Und keine Übung zu oft hintereinander üben, das Pferd wird sonst sauer!
Hören Sie immer mit einer Übung auf, die das Pferd schon kann, und stellen Sie das Pferd mit einem positiven Erlebnis in den Stall!
Den Schenkel des Reiters zu respektieren, ist eines der ersten Dinge, die ein Pferd lernen muß, und zwar gleich, wenn es vom Sattel aus gearbeitet werden kann.
Das heißt:
Wenn der Reiter den linken Schenkel an das Pferd drückt, geht das

Foto 12: Wenn das Pferd auf Schenkeldruck gehorcht, kann man leichter eine Pforte öffnen, egal, ob im Gelände, auf der Ranch oder im Trail-Parcours.

Pferd nach rechts, weg vom Druck. Legt der Reiter den rechten Schenkel an, geht das Pferd nach links. Gleichzeitiger, gleichmäßiger Druck beider Schenkel heißt vorwärts und bei angenommenem Zügel zurück (Back).

Foto 13: Unter der Anwendung von Schenkeldruck kann der Reiter das Pferd in gerader Linie rückwärts richten, Kopf nach unten, Nase zur Brust und mit geschlossenem Maul.

Das hört sich leicht an. Nun wollen wir sehen, warum das so wichtig ist. Durch die Schenkelhilfen kann der Reiter die Hinterhand des Pferdes kontrollieren und beeinflussen. Die Zügel sind nur zum Führen des Pferdes in die jeweilige Richtung und zur Kontrolle der Vorhand gedacht.

Schenkelgehorsam ist wichtig für:

Schenkelweichen, auf zwei Hufschlägen gehen, für korrektes Angaloppieren, fliegenden Galoppwechsel, gerades Rückwärtsrichten, Hinterhandwendungen und beim Überwinden von Hindernissen im Trail-Parcours.

Viele Trainer gebrauchen den ständigen, sanften Schenkeldruck,

um das Pferd an das Gebiß herantreten zu lassen, anstatt es auf Kämpfe mit dem Gebiß ankommen zu lassen. Da kennen wir das Kopfschlagen, aufs Gebiß legen und ähnliches.
Gute, ausbalancierte Stops werden von vielen Trainern mit Hilfe der Schenkel vorgestellt.
Mit den Schenkeln bringt man das ganze Pferd in die Wendung, von Kopf bis Schweif.
Nicht, wie schon oft beobachtet, Kopf und Hals gehen herum, aber das Pferd geht weiter geradeaus. Das Pferd muß in der ganzen Linie gebogen werden. Das ist wichtig für „Neck-Reining"! (Foto 14+15).
Gerade das übertriebene „Neck-Reining" bringt den Kopf des Pferdes aus der korrekten Position.

Foto 14: Das passiert, wenn der Reiter das Pferd ohne Schenkeldruck in die Wendung stellt. Kopf und Hals gehen herum, der Körper nicht. Durch den Schenkeldruck motiviert der Reiter das Pferd, den Körper mit in die Wendung zu nehmen.

Schenkelgehorsam ist die elementarste Übung beim Training eines Pferdes. Es fördert das Vorwärts und die Exaktheit in den Bewegungen.

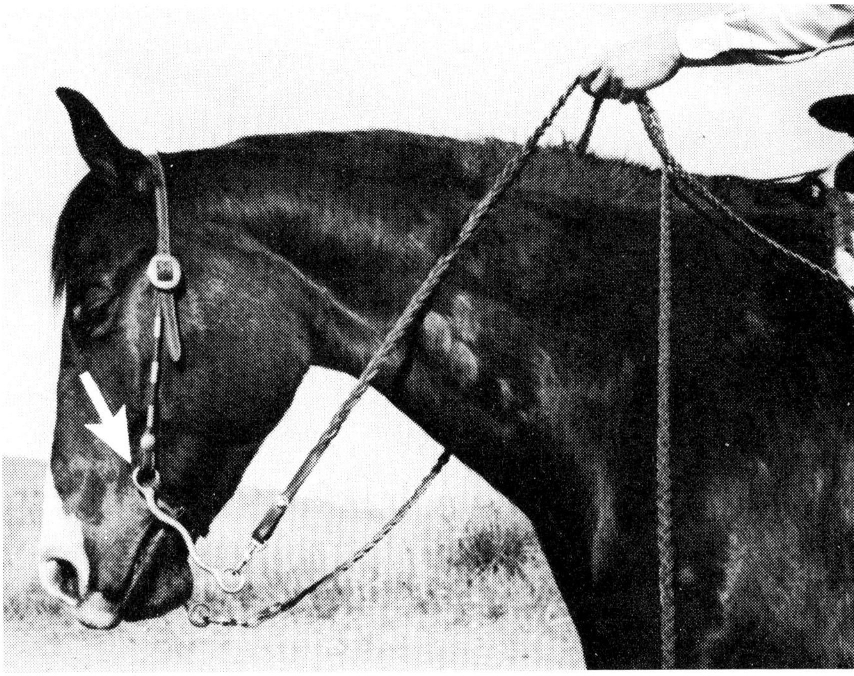

Foto 15: Dieses Bild zeigt, wie übertriebenes „Neck-Reining" den Pferdekopf aus der korrekten Position bringt. Der Reiter leitet die Wendung nach rechts ein, aber der linke Kandaren-Schenkel wird dabei nach oben gezogen und drückt (Pfeil) in die Seite des Mauls und des Kopfes. Das Pferd kann seinen Kopf nicht in die Biegung bringen.

Wir Menschen müssen in der Schule auch erst das Zusammenzählen und das Abziehen lernen, bevor wir multiplizieren und dividieren. Also auch beim Pferdetraining alles schön der Reihe nach.

Wenn Sie dem Pferd etwas Neues beibringen wollen, geben Sie dem Pferd die unbekannten Hilfen erst etwas betonter und direkter. Später, wenn es klappt, verfeinern Sie die Hilfengebung.

Verstärkte Hilfen heißt nicht grobe Hilfen!

Sie arbeiten folgendermaßen:

Da Sie mit dem Schenkel nicht soviel Druck ausüben können, nehmen Sie zuerst den Absatz, die Hacke zu Hilfe.

Rechter Schenkeldruck, antippen mit dem Absatz, das Pferd tritt nach links. Und dann umgekehrt.

Hat das Pferd verstanden, was Sie von ihm wollen, lassen Sie das Antippen mit dem Absatz weg. Ihr Ziel ist es, daß das Pferd auf den leisesten Schenkeldruck reagiert. Es darf für den Zuschauer nicht erkennbar sein!

Der nächste Schritt ist dann, daß Sie die Zügel- und Schenkelhilfen *gemeinsam* einsetzen. Geht Ihr Pferd nicht neck-reining, dann nehmen Sie die direkte, beidhändige Zügelführung.

Die beidhändige Zügelführung.
In der Wendung:
Rechten Zügel etwas annehmen, linken Zügel in Richtung Pferdekopf vorgeben, linker Schenkel drückt; das Pferd geht rechtsherum.
Erleichtern kann man sich diese Übungen, wenn man das Pferd um eine Tonne oder einen anderen Gegenstand herumgehen läßt. Das Pferd erkennt den Grund zur Wendung dann leichter.
Wendung links:

Wir haben eine „stangenartige" Verbindung zum Pferdemaul. Das Pferd geht durch die Längsachse um den inneren Schenkel gebogen.

Denken Sie daran, daß die Pferde verschieden reagieren. Bei einem genügt ein leichtes Antippen mit dem Absatz, bei dem anderen muß man die Hilfe schon öfter oder stärker geben.
Und hier wollen wir gleich über die Sporen sprechen: Wenn Sie die Sporen sanft und exakt im richtigen Moment einsetzen, sind sie eine große Hilfe.
Bei zu vielem oder zu starkem Einsatz oder gar fehlerhaft benutzt, kann es zu schweren Fehlern führen, wie zum Beispiel dauerndem Schweifschlagen beim Reiten.
Respektiert Ihr Pferd Absatz und Schenkel so, dann brauchen Sie keine Sporen. Ist Ihr Pferd phlegmatisch oder unaufmerksam, dann erzielen Sie mit den Sporen ein besseres Ergebnis. Die Sporen konzentrieren die Hilfe auf einen Punkt.
Wenn Sie Sporen tragen, setzen Sie sie korrekt ein! Zuerst drücken Sie die Sporen nur ein wenig an, bleibt das ohne Ergebnis, etwas stärker drücken. Das Pferd lernt schnell die sanftere Hilfe anzunehmen statt der härteren.

Geht das Pferd dann aufgrund der Absatzhilfe herum, dann verfeinern Sie die Hilfen und bringen dem Pferd bei, auf Schenkeldruck herumzugehen. Sollte das noch nicht funktionieren, dann tippen Sie wieder mit dem Absatz an, bis das Pferd gelernt hat, auf Schenkeldruck zu wenden.

Foto 16: Wenn wir das Pferd in der Wendung trainieren, sollten wir zu Anfang um einen Busch oder Baum gehen. Das erleichtert dem Pferd die Biegung, das es den Grund, um etwas herumzugehen, erkennt.

Der Schenkeldruck wird dann mit sehr feiner Zügelhilfe verbunden. Sind Sie so weit mit Ihrem Pferd gekommen, fangen Sie an, eine schnelle Rechtswendung zu machen. Das Pferd muß energischer herumgenommen werden. Das machen Sie folgendermaßen: Gleichzeitig mit dem linken Schenkel am Pferd den rechten Zügel annehmen, den linken vorgeben und dann die Vorwärtsbewegung mit den Zügeln verhalten. Und das gleiche nach links.
Nun sind Sie schon auf dem richtigen Weg für eine Hinterhandwendung oder ein „Pivot".

Foto 17: Schenkeldruck ist sehr wichtig für die Seitengänge. Hier bewegt sich das Pferd nach links. Um das zu erreichen, muß die Reiterin den rechten Schenkel vermehrt drücken, der linke Schenkel steht vom Pferd weg, um es am Anfang nicht zu verwirren.

Zu Beginn stellten wir fest, daß das übermäßige Neck-Reining den Pferdekopf aus der richtigen Position bringt. Unsere Bilder zeigen und erklären, warum das so ist.
Wir messen der beidhändigen Zügelführung viel Bedeutung zu, vor allem bei jungen Pferden. Es ist leichter, ein Pferd mit der direkten Zügelführung und mit Schenkelhilfe zu wenden, da sich der Kopf des Pferdes automatisch in der richtigen Position hält. Bei einer schnellen Wendung, Galopp auf dem Zirkel oder beim schnellen roll-back hat man das Pferd besser unter Kontrolle, und das Pferd lernt, sich selbst zu tragen, es führt die geforderten Übungen besser aus.
Wenn das Pferd sicher auf Schenkeldruck geht und die Lektionen gelernt hat, dann können Sie dazu übergehen, das Ganze auf „Neck-Reining" umzustellen.

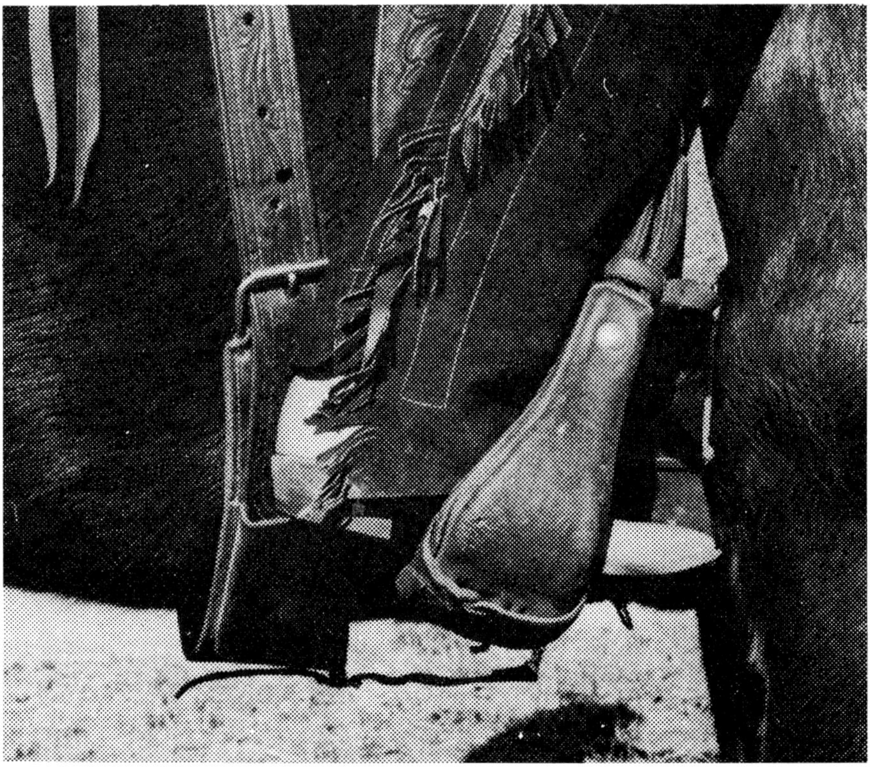

Foto 18: Um das Pferd mit dem Absatz anzutippen, ist es angebracht, den hinteren Sattelgurt zu entfernen. Sonst wird nur der „cinch" berührt, und man wundert sich, wieso das Pferd nicht reagiert.

Anmerkungen über Gebisse.
Wenn Ihr Pferd noch jung und unausgebildet ist, dann beginnen Sie bitte auf jeden Fall mit einem Wasser-Gebiß, einem „Snaffle", nicht mit Kandare oder Stangengebiß.
Wenn Sie beidhändige Zügelführung mit einer Kandare üben, würden die Kandarenschenkel immer anstehen, wodurch das Pferd veranlaßt wird, zurückzutreten. Das würde das Pferd verwirren, und es kann nicht begreifen, was man von ihm will.
Und nun wieder zum Schenkeldruck:
Das Pferd muß auch auf Schenkeldruck vorwärts gehen. Das können Sie wieder erst mit der stärker wirkenden Absatzhilfe trainieren. Zuerst Schenkel leicht andrücken, wenn nichts passiert, mit dem Absatz die Schenkelhilfe verstärken.
In der Praxis ist das nachher dahingehend von Bedeutung, wenn wir das Pferd vom Schritt in den Trab oder in den Galopp bringen wollen. Alles geschieht mit der beidseitigen, gleichmäßigen Schenkelhilfe.
Ist das Pferd schon älter oder träge, so sollte man lieber einmal kräftiger den Absatz oder die Sporen einsetzen, als viele kleine Tip-Tip-Tip einzusetzen.
Das leichte Antippen wird vielleicht nicht respektiert, aber der härtere Kick oder das Klatschen mit den Zügelenden, parallel mit der Schenkelhilfe gegeben, wird es schon veranlassen, loszugehen.
Beim nächsten Mal wird das Pferd die Schenkelhilfe bereits schneller annehmen.
Mit einem jungen Pferd sollte man sanfter umgehen und ihm mehr Zeit geben, zu lernen.
Bei Widerspenstigkeit allerdings sollte man schon etwas strenger vorgehen, man muß nur vorher genau wissen, ob es nicht begreift oder nur nicht will.
Nicht auf dem Pferd jähzornig und ungerecht werden!

So erhalten wir ein empfindliches Maul

Die Erhaltung eines empfindlichen Mauls beim Pferd ist die wichtigste Sache beim Pferdetraining.
Ein empfindliches Maul ist der Schlüsselfaktor, die Entscheidung, ob das Pferd leicht zu kontrollieren ist.
Das heißt:
Ein empfindliches Maul bedeutet, daß das Pferd bei leicht angenommenen Zügeln das Gebiß annimmt.
Das Genick soll entspannt sein („flexing poll"), die Verbindung zwischen Reiterhand und Pferdemaul sollte sich wie Butter anfühlen, nicht wie Eisen. Sind die Zügel angenommen, zeigt der Kopf nach unten, die Nase bewegt sich zum Pferd hin, das Maul ist geschlossen.
Ein empfindliches Maul erkennt man am ständigen Kauen am Gebiß und an der Aufmerksamkeit dem Reiter gegenüber.
Jeder hat irgendwann schon einmal das Gegenteil erlebt und ein Pferd mit hartem Maul geritten. Dieses bezeichnet man als „totes Maul" oder „Eisenmaul".
Ein solches Pferd zu halten oder zu verlangsamen, verlangt einem alle Kräfte ab, die man hat. So ein Pferd ist auch oft ein „Sterngukker" und muß mit „Tie-Down" oder „Martingal" geritten werden, um die Nase herunterzubekommen.
Solch ein Pferd reißt bei angenommenen Zügeln sofort das Maul auf.
Die Kombination Sterngucker und offenes Maul bezeichnen die alten Cowboys so: „Das Pferd hat oder bekommt Sonnenbrand auf den Mandeln."
Zwischen dem Pferd mit dem weichen und dem toten Maul liegt das Pferd mit dem harten Maul. Es respektiert ein federleichtes Zügelannehmen überhaupt nicht, sondern es braucht mehrere härtere Rucke am Zügel, um zum Stehen zu kommen. Aber es respektiert noch das Gebiß, ein Eisenmaul tut das nicht.
Es ist eine Freude, ein Pferd mit weichem Maul zu reiten, und es ist sicherer.
Es ist furchtbar, ein Pferd zu reiten, das man nur mit aller Gewalt oder überhaupt nicht unter Kontrolle halten kann. Und es kann sehr gefährlich enden.
Deshalb sollten wir bestrebt sein, den Pferden ein empfindliches Maul zu erhalten. Jedes Pferd sollte ein empfindliches Maul haben, aber es ist unentbehrlich bei einem Pferd, das im Schau-Ring oder auf dem Turnier vorgestellt wird.

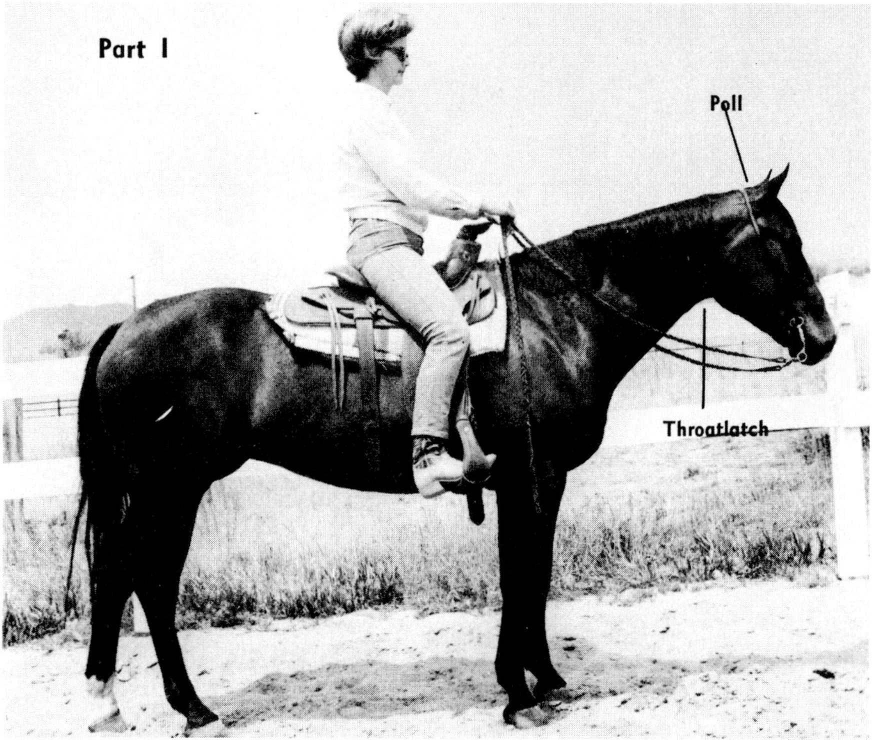

Foto 19: Diese Stute hat einen guten Hals. Er ist lang und gut angesetzt, er steht in der richtigen Position zum Körper. Das Pferd ist leicht in den Ganaschen (Throatlatch), nicht zu eng. Die obere Linie vom Genick zum Widerrist ist länger als die untere Linie von der Brust zur Ganasche. Der Kopf ist gut angesetzt.

Der Reiter, der ein Pferd mit Eisenmaul vorstellt, ist den anderen Reitern gegenüber im Nachteil, weil er sein Pferd für die Zuschauer und den Richter sichtbar nicht beherrscht.
Darüber hinaus ist es für den Reiter außerordentlich anstrengend, ein solches Pferd unter Kontrolle zu halten...
Wenn man ein Pferd mit totem Maul besitzt, dann arbeiten beide nicht als Team zusammen, sondern es kommt zum Kampf.
Die leichten Zügelparaden kommen im Maul nicht an, also muß der Reiter stärker einwirken, und zwar mit Rucken am Zügel. Dieses wiederum bringt das Pferd aus der Balance, weil es den Kopf hochnimmt und das Maul aufreißt.
Ein Pferd mit gutem Maul hat viel Gefühl darin und beachtet das kleinste Zügelsignal. Der Reiter erfühlt ebenfalls die kleinsten Reaktionen. Für den Zuschauer ist das alles nicht wahrnehmbar. Aller-

dings werden nur sehr wenig Pferde mit einem so sensiblen Maul, wie beschrieben, geboren.
Bei den anderen muß der Trainer ein gutes Maul aufbauen, und dieses mit den richtigen Gebissen, korrektem Gebrauch der Zügelführung, der Hände und mit Schenkeldruck.
Wenn Sie zum ersten Mal einem jungen Pferd das Gebiß einlegen, dann wissen Sie genau, daß es noch nicht von harter Reiterhand verdorben ist oder ein hartes Maul aus anderen Gründen bekommen hat.
Also seien Sie bestrebt, das unverdorbene Maul zu erhalten!
Sie wollen das Maul butterweich und sensibel. In der Mehrzahl aller Fälle nehmen die Pferde das Gebiß nicht gleich an, sondern versuchen, es auszuspucken, und bei Zügelkontakt versucht das Pferd instinktiv gegen den Druck zu kämpfen. Es ist bestrebt, dem Druck auszuweichen, und reißt den Kopf hoch.
Das Pferd muß also lernen, sich die Sache zu erleichtern, indem es das Gebiß annimmt und nicht dagegen anzukämpfen versucht.
Hat es gelernt, das Gebiß zu ertragen, anzunehmen, dann entspannt es das Genick, hält den Kopf unten und das Maul geschlossen. Diese ganze „Hand-in-Hand-Arbeit" erfordert viel Geduld und immer wieder die gleichen Trainingsmethoden.
Bevor Sie mit dem Training anfangen, gibt es noch andere Dinge zu beachten. Diese Faktoren bestimmen, wie gut das Pferd im Maul sein kann. Das sind:
Die Sensibilität des Mauls,
Formation und Länge des Halses,
welche Gebisse wir verwenden
und die Fähigkeit des Reiters, die Hinterhand des Pferdes gut untertreten zu lassen.
Pferdemäuler sind verschieden sensibel. Extrem sensible sind am leichtesten zu arbeiten, aber mit weniger sensiblen Mäulern erzielt man auch gute Ergebnisse.
Das kostet nur entsprechend mehr Arbeit.
Was wir beachten müssen ist, daß das Entspannen im Genick Hand in Hand geht mit einem empfindlichen Maul. Gibt das Pferd sich her, dann sind die Kiefermuskeln entspannt, das Pferd kämpft nicht gegen das Gebiß.
Unglückliche Halsformen machen es den Pferden unmöglich oder sehr schwer, sich im Genick zu entspannen. Das sind z. B. die Pferde mit tief angesetztem Hals, mit zu kurzen und zu dicken Hälsen oder Pferde mit Ganaschenfreiheit (Throatlatch).

Foto 20: Da diese Stute einen guten Hals hat, lernt sie es leicht, durchs Genick zu treten, eher schon zu weit zu entspannen. Damit hat man es schon leichter, der Stute ein gutes Maul zu erhalten, da die Form des Halses dem Pferd das Gebißannehmen erleichtert.

Ein Pferd mit längerem Hals kann sich leichter entspannen, und es sieht graziler aus, es kann sich selbst besser tragen. Genauso, wie eine schlanke große Person gegenüber einer kleinen dicken Person.

Es ist allerdings auch erwiesen, daß ein Pferd mit längerem Hals leichter zum Gummi- oder Pumphals neigt als andere, aber das läßt sich durch gute präzise Ausbildung verhindern. Der gute Halsansatz spielt ebenfalls eine entscheidende Rolle.

Ein gut angesetzter Hals bedeutet, daß die obere Linie vom Genick zum Widerrist länger sein sollte als die untere Linie von der Brust zur Ganasche.

Ein Pferd mit kürzerer Oberlinie hat die Tendenz, sich mit waagerechter Nase nach vorn zu bewegen.

Das ist nicht das Schlimmste, aber das Pferd kann sich im Genick nicht entspannen und sich daher leichter aufs Gebiß legen.

Ein Pferd sollte genug Ganaschenfreiheit haben, denn wenn es dort zu dick ist, hat es bei entspanntem Genick Schwierigkeiten beim Atmen, die Luftröhre wird eingeklemmt.

Foto 21: Dieser Wallach hat keinen guten Hals. Er ist zu kurz und zu dick, daher sehr kräftig (Pony-Hals). Damit ist es dem Pferd unmöglich, sich im Genick zu entspannen. Er kann den Kopf schneller hochnehmen und gegen das Gebiß kämpfen, wie hier auf dem Bild.

Foto 22: Wenn wir das Pferd ausbinden, nehmen wir die Zügel durch das „Gullet" des Sattels; jeden Zügel dann einmal ums Horn wickeln…

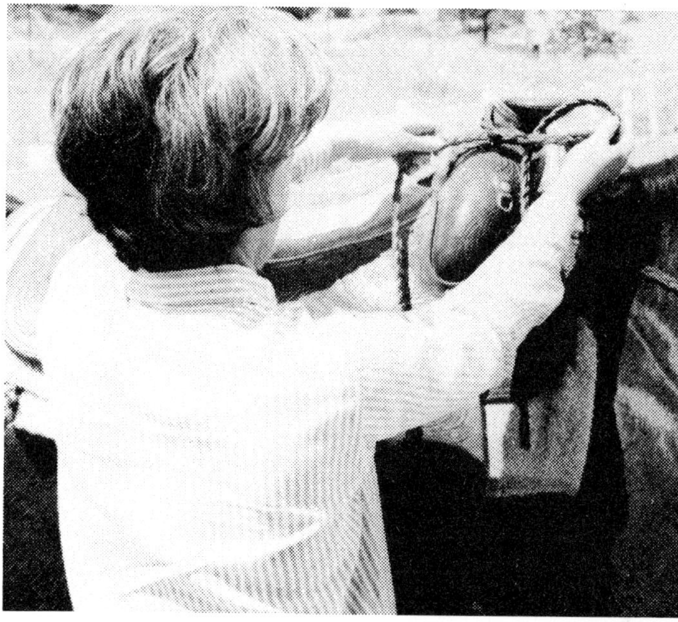

Foto 23: ... dann einen „Half-Hitch" (Sicherheitsknoten) binden, der sich, wenn nötig, leicht lösen läßt.

Foto 24: Longieren wir das Pferd ausgebunden, so legen wir ein Halfter über die Zäumung und befestigen die Longe am Halfter.

Das richtige Gebiß

Das für Ihr Pferd richtige Gebiß ist sehr wichtig! Es gibt so viel verschiedene Gebisse, hergestellt für verschiedene Effekte. Welches Gebiß man benötigt, hängt davon ab, in welchem Ausbildungsstand sich das Pferd befindet und welche Probleme man mit ihm hat.

Es gibt zwei Grundtypen von Gebissen: die geteilte Wassertrense mit direkter Wirkung (Snaffle), und es gibt die Kandare: einmal mit gebrochenem Mundstück, also Wassertrense mit Hebelwirkung, als Westerngebiß oder Schenkelsnaffle bekannt. Die Wirkung ist ähnlich wie beim *Pelham*-Gebiß.

Die Kandare (Curb) ist ein Stangengebiß mit ungebrochenem Mundstück und Schenkel. Die Kandare erleichtert dem Reiter durch die Hebelwirkung, den Kopf des Pferdes unten zu halten.

Bei einem unausgebildeten Pferd, einem Jungpferd, beginnt man das Training mit einem *sanften Gebiß.* Wir bevorzugen das Western-Gebiß mit Hebelwirkung. Es nimmt dem Pferd von vornherein die Möglichkeit, gegen das Gebiß zu kämpfen.

Durch das Schenkel-Gebiß lernt das Pferd schneller, sich im Genick zu entspannen und das Gebiß anzunehmen.

Verwenden Sie einen Kinnriemen aus Leder oder Perlon, keine Kette. Nimmt das Pferd das Gebiß gut an, ist eine Kette nicht nötig, da Sie sonst nur das weiche Maul hart machen.

Bei älteren Pferden kann eine Kette wichtig sein, da manche Pferde schon hart im Maul sind und man so eine bessere Kontrolle über das Pferd hat.

Etwas sollte man sich noch merken:

Die AHSA erlaubt in einigen Klassen keine Kinnketten. Das sollte man bei der Ausbildung des Pferdes gleich berücksichtigen, wenn man es unter dieser Regel vorstellen will.

Haben Sie das Pferd an das Gebiß im Maul gewöhnt, nehmen Sie ein Lederstück, ein Nasenband und veranlassen das Pferd, sein Maul geschlossen zu halten. Wir nehmen am besten das Nasenband eines englischen Trensenkopfstückes.

Kann das Pferd das Maul öffnen, entzieht es sich der Zügeleinwirkung. Das Nasenband soll so locker sitzen, daß zwei Finger breit Luft ist.

Hat das Pferd gelernt, entspannt an das Gebiß heranzutreten, lassen wir das Nasenband weg. Das Pferd reagiert auf die Zügelhilfen, sofern der Reiter eine leichte Zügelhand hat.

Benutzen Sie kein „tie-down" (oder Martingal). In manchen Schulen wird gelehrt, wenn man tie-down, Martingal oder andere Ausbinder benutzt, versucht das Pferd gar nicht erst, den Kopf hochzunehmen, da es das von Anfang an nicht kann. Doch das stimmt nicht!
Das Pferd lernt nur, den Kopf unten zu halten, wenn es an das Gebiß herantritt. Hat es diese wichtige Sache nicht gelernt, sondern ist nur durch das tie-down heruntergehalten worden, weiß es in Wirklichkeit gar nicht, worum es eigentlich geht.
Nehmen Sie das tie-down ab, nimmt es auch sofort den Kopf hoch!
In fast keiner Pferdeschau oder einem Turnier dürfen Sie mit tie-down oder anderen Hilfsmitteln reiten und vorstellen.
Noch einmal im Zusammenhang:
Das Pferd lernt, sich durch das tie-down aufs Gebiß zu legen, es übt den Widerstand oft erst durchs tie-down. Nehmen wir es weg, hat das Pferd keinen Widerstand mehr und kann sich selbst nicht tragen.
Es gibt allerdings auch wichtige Gründe, ein tie-down zu benutzen, doch um ein empfindliches Maul zu erhalten oder zu erreichen, müssen wir ohne tie-down arbeiten.
Der erste Schritt, ein empfindliches Maul zu erhalten ist, daß wir dem Pferd klarmachen, das Gebiß anzunehmen. Mit anderen Worten: *Zuckerbrot und Peitsche.*
Wenn es das Gebiß annimmt, reduziert sich sofort der Druck im Maul. Kämpft es gegen das Gebiß mit hochgerissenem Kopf, wird der Druck irgendwann unerträglich. Es geht dann den Weg des geringsten Widerstandes und bevorzugt den Weg ohne Schmerzen.
Beginnen Sie mit dieser Lektion gleich, nachdem Sie das Pferd handzahm gemacht und longiert haben. Zwei- oder dreimal am Tag legen Sie dem Pferd eine Wassertrense auf und lassen es damit umherlaufen, im Stall, auf der Weide, dem Außenplatz oder beim Longieren.
Nehmen Sie entweder die Zügel ab oder wickeln sie ums Sattelhorn (Foto 22/23) mit genügend Bewegungsfreiheit, es darf kein Druck auf dem Gebiß entstehen.
Später, wenn es sich ans Gebißtragen gewöhnt hat, verkürzen Sie die Zügel nach und nach und erreichen so nach und nach mehr Druck auf dem Gebiß, es wird das Gebiß immer mehr annehmen.
Von nun an werden Sie das Pferd, bevor Sie aufsteigen, immer mit Gebiß longieren. Es lernt dann am ehesten, das Gebiß anzunehmen.
Zu Beginn lassen Sie die Zügel in einer Länge, so daß sie nicht schlackern und dem Pferd den natürlichen Spielraum für den Kopf

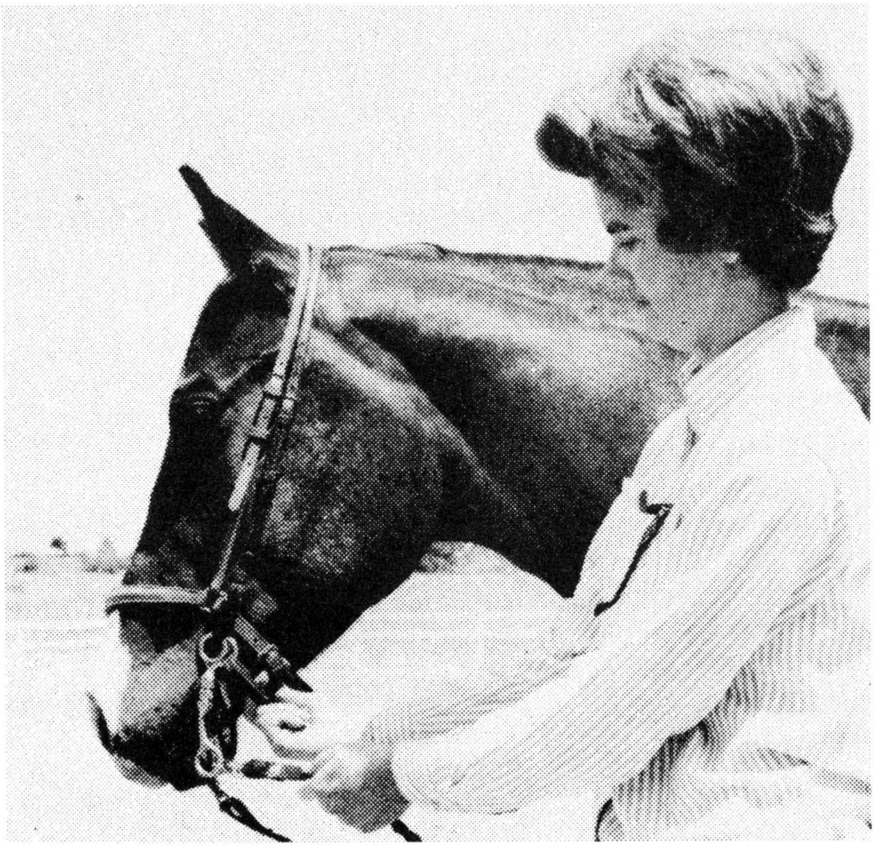

Foto 25: Das Kinnleder sollte so weit angebracht sein, daß wir noch 2 Finger Luft haben, denn wenn die Zügel angenommen werden, drückt der Riemen auf das Kinn. Ein zu strammer Kinnriemen drückt dauernd auf das Kinn, die Nerven im Kinnbereich werden unsensibel.

lassen. So geben die Zügel nur einen sehr geringen Widerstand im Maul. Diesem leichten Druck will sich das Pferd entziehen und versucht, die Nase hochzustrecken, es „schlägt" sich das Gebiß ins Maul.

Wenn das passiert, geht das Pferd heftiger gegen an, oder es stoppt. Streckt das Pferd die Nase weiter hinaus, wird der Druck des Gebisses stärker, nach dem Motto „probieren und Fehler machen". Das Pferd erkennt bald, daß es nur die Nase nach unten zur Brust zu nehmen braucht, und der Druck läßt nach. Das ist die erste Stufe, dem Pferd beizubringen, das Gebiß anzunehmen.

Foto 26: Mit diesem Western-Snaffle aus rostfreiem Stahl trainieren wir das Jungpferd. Danach gehen wir zu den anderen Gebissen über, wie sie noch auf einem Foto vorgestellt werden.

Stoppt das Pferd, wenn es gegen das Gebiß gestoßen ist, veranlassen wir es durch leichte Peitschenhilfe, weiterzugehen.
An diesem Punkt angekommen, bringen wir dem Pferd bei, sich in allen Gangarten ans Gebiß zu stellen und nachzugeben.
Erlauben Sie dem Pferd zu stoppen, wenn es den Druck im Maul spürt, wird es nicht lernen, sich herzugeben, es fällt dann in eine Aufeinanderfolge von ständigen Stops und Starts.
Um dem Pferd das Nachgeben in allen Gangarten beizubringen, longieren Sie es mit Gebiß in allen Gangarten und erlauben ein Halten nur auf Kommando ,,Whoa''.
Da Sie das Pferd sozusagen ausgebunden longieren, lernt es beim Stop, den Kopf gleich in der richtigen Positon zu behalten. Am Anfang wird das Pferd beim Kommando ,,Whoa'' aus dem Galopp den Kopf hochwerfen und sich das Gebiß ins Maul schlagen. Es wird aber sehr bald lernen, den Kopf beim Stop unten zu behalten.
Die ersten paar Tage allerdings sollte das Pferd nur 15 Minuten pro Tag ausgebunden longiert werden.
Das Entspannen und an das Gebiß treten ist eine neue, ungewohnte Übung, auf die sich die Muskulatur des Pferdes erst einstellen muß. Dadurch bildet sich eine bessere Muskulatur. Sonst geht es verspannt, und die Muskeln werden hart.
Man kann das Pferd auch ausgebunden frei arbeiten, ohne Longe. Zu Beginn ist es angebrachter, frei zu trainieren. Dadurch ist ge-

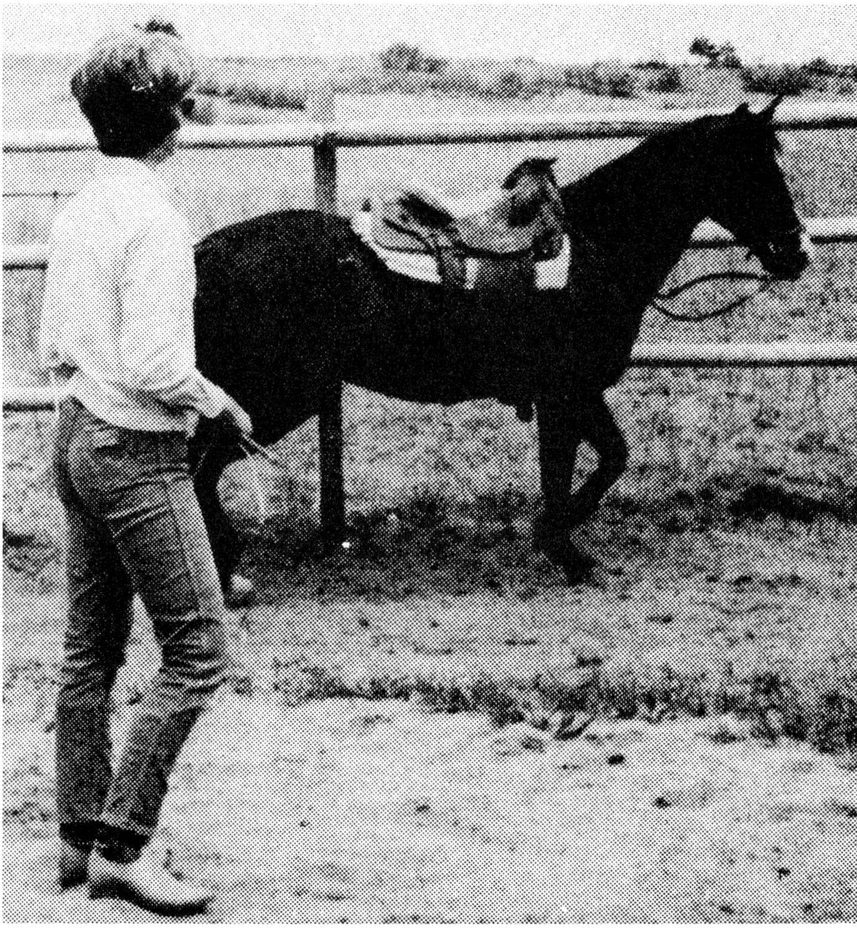

Foto 27: Legen wir dem Pferd zum ersten Mal ein Gebiß ein, lassen wir ihm Zeit, sich daran zu gewöhnen, es zu tragen. Hier sind die Zügel so ausgebunden, daß absolut kein Druck auf das Maul ausgeübt wird. Die Stute wird frei longiert.

währleistet, daß wir nicht am Kopf des Pferdes ziehen. Arbeiten wir an der Longe, so legen wir dem Pferd ein Halfter um und befestigen die Longe am Halfter.
Das Halfter wird *über* die Zäumung gelegt.
Niemals die Longe am Gebiß oder an der Zäumung befestigen!
Dadurch stoßen wir dem Pferd das Gebiß ins Maul.
Man kann das Pferd auch ausgebunden im Korral laufen lassen. Allerdings ist davon abzuraten, es so in den Stall zu stellen, da der Stall immer „Feierabend" bedeuten sollte. Das Pferd braucht auch seine Ruhezeit.

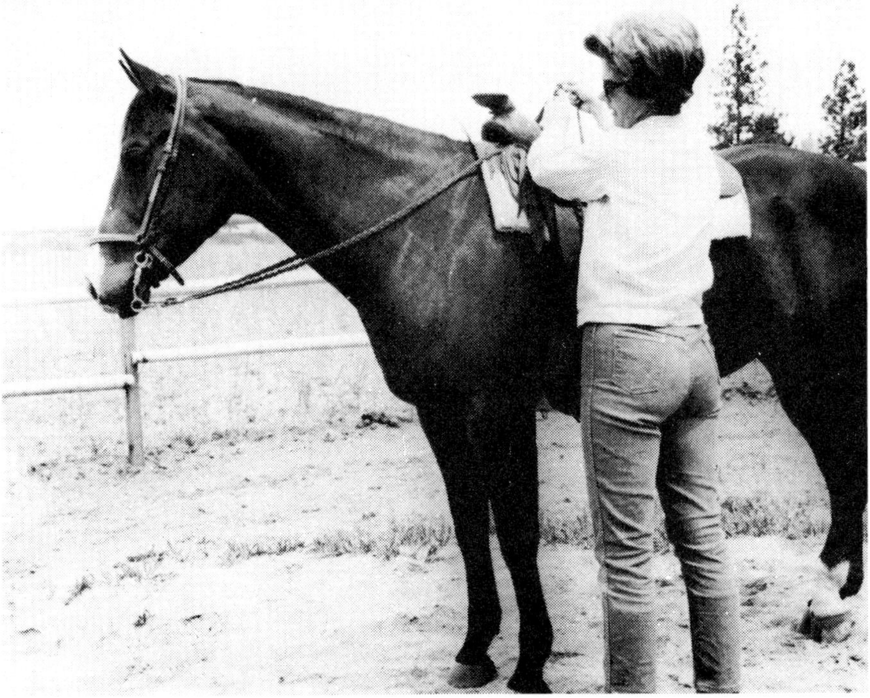

Foto 28: Diese Stute wird zum ersten Mal ausgebunden gearbeitet. Die Zügel werden so befestigt, daß sie nicht schlackern, wenn das Pferd den Kopf in der normalen Position hält.

Zur Wiederholung: Die Zügel so befestigen, daß sie bei *normaler* Kopfhaltung nicht schlackern. Machen Sie die Zügel in diesem Stadium des Trainings nicht kürzer. Dabei sollten wir das Pferd nicht aus den Augen lassen, da manche Pferde sich unter Umständen in den Zügeln verfangen, sich hinlegen und nicht wieder aufstehen können, oder sie geraten plötzlich in Panik.

Stellen Sie auch sicher, daß sich das Pferd mit den Zügeln nirgendwo verfangen kann und sich aufhängt oder anderweitig verletzt.

Ein ausgebundenes Pferd lernt, sich selbst zu tragen und ans Gebiß treten.

Foto 29: Bei der Zügellänge kann sich das Pferd mit normaler Kopfhaltung bewegen. Streckt es die Nase weiter vor, schlägt es sich das Gebiß ins Maul. Das ist die erste Lektion, die Nase wieder herunterzunehmen. Der Druck läßt nach.

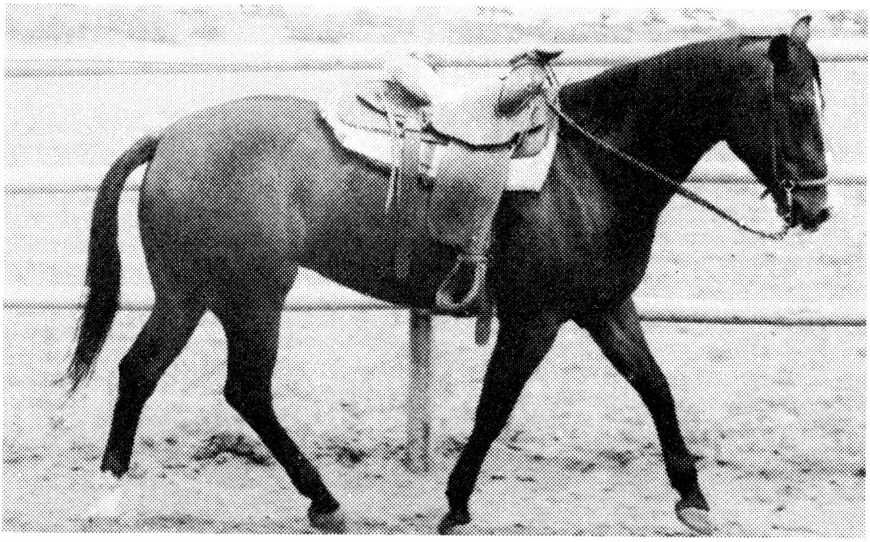

Foto 30: Diese Bilderserie zeigt die Stute in verschiedenen Phasen der Entspannung. Zügel leicht angenommen, nicht perfekt.

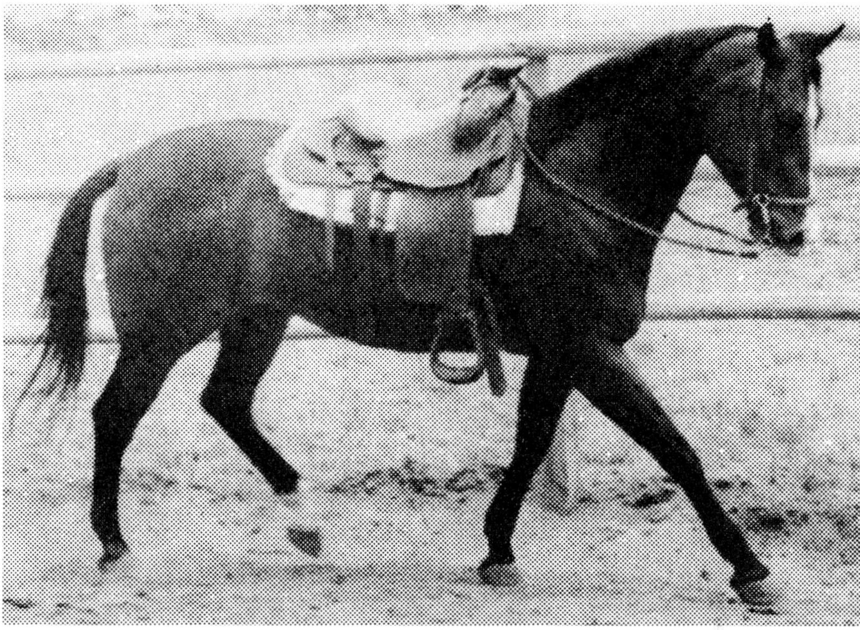

Die ideale Position. Die Stute gibt im Genick nach, der Kopf ist in der Vorwärts-Abwärts-Position. Sehr leichter Zügelkontakt.

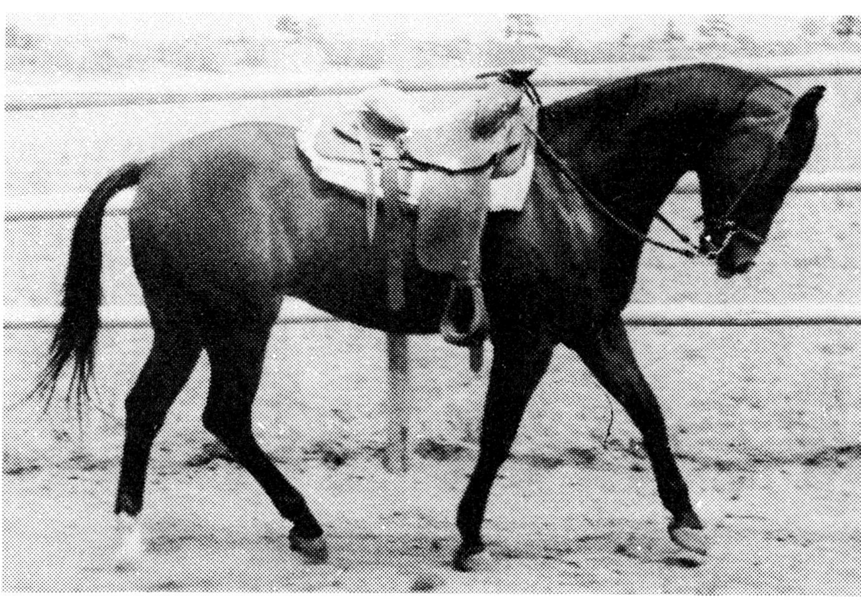

Die Stute geht hinter dem Zügel. Auch das wollen wir demonstrieren. Nicht zu kurz ausbinden, das Pferd geht, um dem Druck auszuweichen, zu weit herunter. Sie gibt im Genick nicht nach, sondern knickt in der Mitte des Halses ab.

Foto 31: Biegen um den inneren Schenkel ist eine gute Übung für das junge Pferd und für Pferde, die den Hals weder in die eine Richtung noch in die andere Richtung biegen wollen.

Nehmen Sie den inneren Zügel leicht an und geben Sie nach, wenn das Pferd den Hals biegt (die Zügelhand sollte immer fortwährend annehmen und nachgeben). Gleichzeitig drücken wir mit dem inneren Schenkel die Hinterhand gegen den Zaun. Der äußere Schenkel verhindert das Ausbrechen der Hinterhand.

Wenn wir das einige Minuten pro Tag machen, erhalten wir unser Pferd geschmeidig und gymnastiziert.

Nachdem Sie das Pferd nun einige Zeit ausgebunden longiert haben, dürfte es soweit sein, die Nase unten zu behalten, und fähig sein, sich davor zu schützen, das Gebiß ins Maul zu schlagen.
Nun ist es an der Zeit, dem Pferd beizubringen, bei vermehrtem Druck durch die Zügel nachzugeben.
Das erreichen Sie dadurch, daß Sie die Zügel verkürzen. Jeden Tag, über Tage hinweg, immer etwas kürzer. Der endgültige Punkt ist erreicht, wenn das Pferd das Gebiß annimmt, im Genick nachgibt, dem Druck der Zügel nachgibt und die Zügel dabei leicht durchhängen. Der Kopf soll sich in der Vorwärts-Abwärtsbewegung befinden. Lassen Sie das Pferd niemals mehr, als beschrieben, entspannen, sonst neigt es zum übermäßigen Abknicken und kann sich dann wieder der Reiterhand entziehen.
Ein kontinuierlich im Genick zu stark nachgebendes Pferd wird so bezeichnet: Es geht hinter dem Zügel.
Das passiert, wenn es die Nase zu weit zur Brust hin nimmt. Sie haben über das Pferd keine Kontrolle mehr, es nimmt das Gebiß nicht an, es kann sogar so weit kommen, daß die Schenkel der Kandare gegen die Brust drücken.
Während Sie das Pferd longieren, achten Sie darauf, daß es im Genick gut nachgibt. Gibt es übermäßig nach, lockern wir die Zügel etwas. Stellen wir fest, daß sich das Pferd auf das Gebiß stützt, veranlassen wir es zur Hinterhandwendung gegen den Zaun oder die Bande in der Halle. Dadurch kommt die Hinterhand weiter unter, die Vorhand hoch. Es kommt vom „Gebiß ab".

Foto 32: Ein junges Pferd muß lernen, seinem Kopf zu folgen. Nicht, weil es dann besser sehen kann, wohin es läuft, sondern es lernt, seinen Körper in die Bewegungsrichtung zu biegen. Dieses Jungpferd galoppiert gut gebogen auf dem Zirkel.

Foto 33: Dieses Foto zeigt uns das angestrebte Ziel, ein Pferd zu longieren. Hier wird es ausgebunden und frei longiert. Das Pferd nimmt das Gebiß an, knickt im Genick ab, die Zügel hängen leicht durch, der Kopf geht vorwärts-abwärts.

Haben Sie das Pferd an der Longe, so machen Sie es vor der Wendung frei.

Auch das Pferd beschleunigen zu lassen, läßt das Pferd vom Gebiß hochkommen, da dann die Hinterhand weiter untertritt.

Kommt das Pferd bei der Beschleunigung aus der Kontrolle, so nehmen Sie es an die Longe.

Wenn Sie damit beginnen, die Zügel zu verkürzen, sollten Sie den inneren Zügel etwas kürzer nehmen als den äußeren. Man nennt das: Das Pferd stellen. Dafür gibt es einige gute Gründe:

Erstens: Das Pferd lernt, seinem Kopf zu folgen, denn ein Körper in der Biegungsrichtung hat die bessere Balance.

Zweitens: Es hilft dem Pferd, sich zu biegen und den Hals zu gebrauchen. Manche Pferde biegen sich zur einen Seite besser als zur anderen. Man muß das Pferd aber auf beiden Seiten gleich gut ausbilden. Sonst haben Sie auf dem Turnier Probleme. Ein Pferd, das sich nicht biegt oder nur einseitig, macht sich steif. Das erschwert das Angaloppieren, die Seitengänge und die Pivots.

Nehmen wir an, das Pferd will sich auf der rechten Seite nicht biegen, dann lassen wir es auf dieser Seite mehr gehen, ca. 2/3 zu 1/3.

Foto 34: Wenn Sie feststellen, daß sich das Pferd aufs Gebiß legt, veranlassen Sie es zur Wendung zum Zaun hin (nur beim Freilongieren möglich). Die Hinterhand kommt weiter unter, die Vorhand höher, und das Pferd vergißt es, sich aufs Gebiß zu legen.

Im Extremfall longieren wir das Pferd auf der linken Seite mit rechts verkürztem Zügel oder nehmen den Zügel so weit nach rechts, daß es sich selbst mit der Nase berühren kann.
Der nächste Grund, die Zügel ungleichmäßig zu verkürzen, ist dann gegeben, wenn das Pferd sich aufs Gebiß lehnt. Das Gebiß liegt dann im Maulwinkel, und das Pferd kann sich nicht darauflehnen.
Zwei wichtige Dinge sollten Sie sich merken:
Niemals die Zügel so stark verkürzen, daß das Pferd den Kopf nicht mehr nach links oder rechts wenden kann. Der Hals muß frei sein. Es würde sonst ein ständiger Druck aufs Maul ausgeübt, der das Maul hart macht.
Das Pferd niemals zu lange ausgebunden arbeiten, schon gar nicht zu Beginn des Trainings. Für die ersten paar Tage sind 30 Min. ausreichend, 15 Min. zur einen, 15 Min. zur anderen Seite.
Später longiert man ein Pferd nur so lange ausgebunden, bis es im Genick nachgibt. Es wäre Unsinn, es dann weiter ausgebunden zu longieren.
Biegt sich das Pferd auf der einen Seite schwer, so widmen Sie dieser Seite mehr Aufmerksamkeit. Nur dürfen Sie die „gute Seite" darüber nicht vergessen.
Viele Leser werden sich wundern, warum wir nicht über Ausbinder sprechen. Das ist ein fertiges Reitzubehör, das nur wenige Leute ha-

ben. Deshalb beschreiben wir hier eine Methode, mit der jeder arbeiten kann.

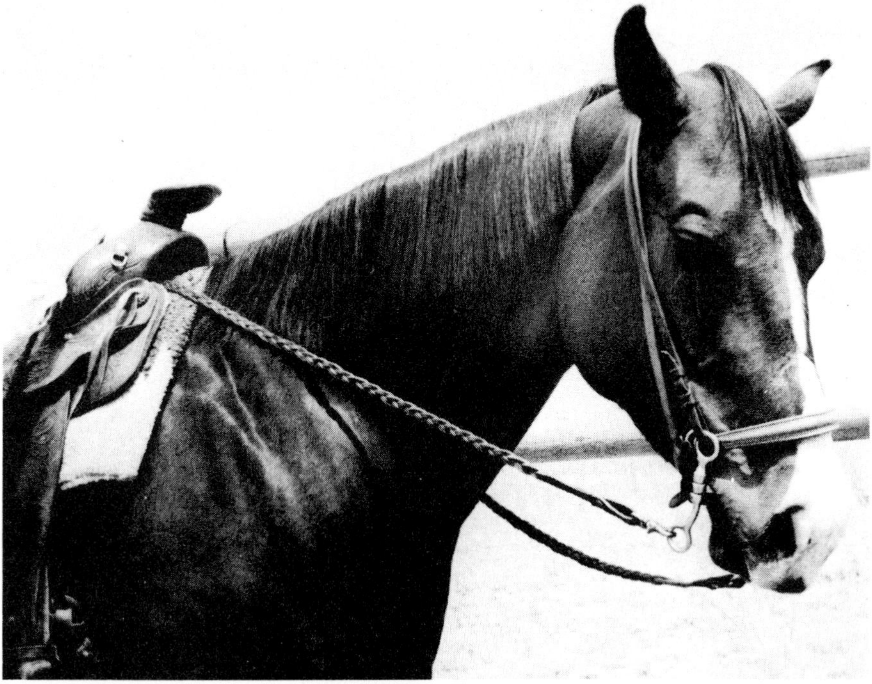

Foto 35: Beim Nach-und-nach-Verkürzen der Zügel achten Sie darauf, daß der innere Zügel etwas kürzer ist als der äußere Zügel. Dieses Pferd wird auf der rechten Hand longiert, der rechte Zügel ist etwas kürzer.
Für das Foto haben wir den linken Zügel etwas zu lang gelassen, um den Unterschied zu demonstrieren. Normalerweise sollte der äußere Zügel nur so lang sein, daß das Pferd seinen Kopf nach rechts stellen kann.

Sie reiten zum ersten Mal ein junges Pferd

Wenn Sie zum ersten Mal ein junges Pferd reiten, ist es für einige Zeit schon ausgebunden longiert worden und weiß daher schon in etwa, was es heißt, das Gebiß zu respektieren.
Trotzdem sollten Sie das Pferdemaul so lange wie möglich in Ruhe lassen, wenn das Pferd im Genick nachgibt. Sie arbeiten mit Schenkeldruck, um das Pferd zu wenden; und das Kommando „Whoa" sollte Sie nicht verleiten, am Zügel zu ziehen.
Das „Green Horse" wird viel auf Zirkeln geritten, damit es lernt, sich zu biegen und seinem Kopf zu folgen.
In diesem Trainingsstadium benutzen Sie die direkte Zügelhilfe mit Schenkeldruck. Nur so halten Sie das Pferd in der Biegung.
Geht das Pferd entspannt im Schritt auf dem Zirkel, so lassen Sie es in den Trab gehen. Das Pferd kennt noch nicht den „Slow Jog". Kämpfen Sie nicht mit ihm, es soll sich zuerst den Trab aussuchen, den es für sich als angenehm empfindet. Wenn es in der Gangart entspannt tritt, wird es automatisch langsamer. Wir gehen weiter auf großen Zirkeln, wenden, gehen im Schritt, Trab usw., wir gestalten das Training abwechslungsreich.
Galoppieren Sie zum ersten Mal mit einem jungen Pferd an, wird es wahrscheinlich schneller sein, als Sie es sich wünschen. Das Pferd ist noch nervös, es kennt das Reitergewicht noch nicht. Solange es nicht wegläuft oder durchgeht, brauchen Sie nicht mit ihm zu kämpfen, womöglich am Zügel ziehen oder ähnliches.
Sagen Sie „Whoa", wenn Sie es zum Halten bringen möchten. Die Kommandos kennt es ja aus der Longenzeit.
Wenn es sich erst an Sattel und Reitergewicht gewöhnt hat, wird es von selbst ruhiger.
Hat das Pferd an der Longe gelernt, sich selbst zu tragen, so wird es das nicht sofort mit dem Reiter tun. Das hat 2 Gründe:
1. Die Empfindlichkeit des Mauls auf das Gebiß ist noch nicht weit genug fortgeschritten.
2. Sich selbst zu tragen und das Reitergewicht dazu ist für das Pferd nicht leicht.
Wenn Sie fühlen, daß das Pferd gelernt hat, sich zu tragen, leicht in die Wendungen geht, seinem Kopf folgt, mit dem Reitergewicht klarkommt, dann erst können Sie dazu übergehen, das Pferd ans Gebiß treten zu lassen bzw. das Gebiß annehmen zu lassen.

Nehmen Sie die Zügel in beide Hände, linker Zügel linke Hand und rechter Zügel rechte Hand. Halten Sie die Hände unten über dem Sattelhorn oder dem Widerrist, nicht zu hoch und nicht vorm Magen. Die Zügel sollten so lang sein, daß das Pferd seinen Kopf in der normalen Position halten kann, aber nicht zu lang. Wenn das Pferd im Schritt geht, fassen Sie die Zügel langsam nach, bis Sie Kontakt mit dem Pferdemaul spüren.
Fühlt sich das Maul sanft und nachgiebig an, dann nimmt das Pferd das Gebiß an und gibt im Genick nach.
Jetzt nehmen Sie die Zügel leicht an und geben wieder nach. Loben Sie das Pferd. Nach ein paar Minuten geben Sie die Zügel hin und lassen es entspannen.
Haben Sie im anderen Fall bei leichtem Zügelkontakt das Gefühl von Härte und Unnachgiebigkeit, so lassen Sie den Zügelkontakt bestehen und drücken beide Schenkel oder Absätze an das Pferd, bis das Pferd im Maul nachgibt.
Gibt das Pferd nach, gehen wir ein paar Schritte im Zirkel und geben dann die Zügel hin, loben es.

Zu beachten:
Die Reiterhand, egal wie und wo, darf nie starr und unbeweglich sein. Mit den Zügeln muß aus dem Handgelenk ein ständiges An- und Nachgeben stattfinden, unerkennbar für den Betrachter.

Hier ist die Erklärung der Schenkelhilfe:
Wenn Sie das Pferd leicht mit den Schenkeln treiben, kommt das Pferd von hinten unter. Normalerweise geht es vorwärts. Da Sie aber in dem Moment die Zügel nicht nachgeben, tritt das Pferd an den Zügel, das Gebiß heran. Dann gibt es dem Druck des Gebisses nach und knickt im Genick ab. Zügel nicht nachgeben heißt nicht am Zügel ziehen!
Darum ist der Schenkel so wichtig, um dem Pferd ein gutes Maul zu erhalten.
Aktivierung der Hinterhand durch die Schenkel, und das Pferd kommt vorn „hoch", es nimmt das Gebiß an. Diese Reihenfolge von Geschehnissen ist so wichtig für das gute Reiten.
Sie arbeiten das Pferd zwischen Händen und Schenkeln. Die Schenkel treiben das Pferd ans Gebiß, die Hände verhindern in dem Moment, daß es vortritt oder schneller wird. Deshalb muß das Pferd ausweichen und nachgeben.
Es holt sich selbst die Belohnung in Form von leicht „durchhängenden" Zügeln!

Foto 36: Dieser junge Wallach geht gerade am langen Zügel, zur Entspannung zwischen den Übungsphasen. Er trabt am durchhängenden Zügel, den Kopf in freier Position.

Noch ein wichtiger Punkt: Dem Pferd beizubringen, sich zu tragen, heißt das Pferd kontinuierlich vorwärts reiten!

Verliert es den Vorwärtsschub, kann es nichts lernen. Es soll nicht losstürmen.

Wir trainieren das Pferd dahin, das Gebiß in allen Gangarten anzunehmen.

Wenn Sie das Pferd zum ersten Mal von oben trainieren, sollten 15 Min. langsamer Schritt genug sein. Immer schön vorwärts durchs Genick.

Sie arbeiten das Pferd in verschiedenen Gangarten, auf beiden Seiten abwechselnd. Sie gestalten das Training nie langweilig. Dann bleibt das Pferd immer aufmerksam!

Wichtig ist, daß der Vorwärtsdrang erhalten bleibt, kontrolliert durch den Zügel, ohne zu ziehen und zu riegeln.

Die Zügelhand wird ruhig gehalten. Sie halten immer leichten Kontakt zum Pferdemaul durch leichtes Annehmen und Nachgeben der Zügel.

Die erste Trainingsarbeit beginnt im Schritt und Trab, dann im Galopp. In allen Phasen darf man eines nicht vergessen: Alle Pferde sind verschieden!
Manchmal muß man von herkömmlichen Methoden abweichen oder die Methode wechseln.
Kommen Sie mit ihrem Pferd nicht klar, dann ziehen Sie einen Berufstrainer oder Reitlehrer zu Rate.
Es gibt auch Pferde, die bei leichtem Zügelkontakt rückwärts gehen. Dann beginnt man mit der Trabarbeit und läßt die Schrittübungen folgen.
Wenn das Pferd in der Schrittübung bei Zügelkontakt rückwärts geht, kann es auch am zu starken Schenkel liegen.
Verwenden Sie bei jeder Gangart die gleiche Trainingsmethode. Sicher haben Sie manchmal Probleme, im Schritt oder auch im Trab. Am schwierigsten aber wird es im Galopp. Gerade ist das Pferd noch wunderbar gegangen, da beschließt es plötzlich, gegen das Gebiß zu rebellieren.

Foto 37: Dieses junge Pferd geht im Genick entspannt im „Jog" (Trab). Beachten Sie die Haltung der Reiterhand, die immer zum Nachgeben bereit ist.

Foto 38: Ein ganz entspannter Galopp; das Pferd ist aufmerksam und trägt sich selbst. Es hat vor dem Gebiß keine Angst und legt sich nicht darauf.

Foto 39: Hier sehen wir ein galoppierendes Pferd, das beim Galopp „durchs Genick tritt", die ideale Haltung. Es darf aber nicht noch tiefer mit dem Kopf kommen, da es sonst schon leicht „hinter" den Zügel kommen würde.

Foto 40: Ein junges Pferd trainieren wir viel auf dem Zirkel. Es lernt, seinem Kopf zu folgen und sich zu biegen. Wir arbeiten mit direkter Zügelführung und mit Schenkeldruck. Auf diesem Bild haben wir die Zügelhilfe übertrieben dargestellt. Die Reiterhand ist zu niedrig.

Foto 41: Zu viel Arbeit in der Bahn kann das Pferd sauer machen, also gehen wir gelegentlich ins Gelände, um das Pferd frisch und munter zu erhalten.

Immer, wenn das passiert, nehmen Sie die Zügel wieder an und treiben das Pferd mit den Schenkeln von hinten ans Gebiß.
Die Zügel anzunehmen und festzustellen, verletzen das Pferd nicht so im Maul wie Reißen und Ziehen. Wir treiben das Pferd in die Hand, bis es wieder nachgibt.
Haben Sie einige Tage das Gebißannehmen geübt, begreift das Pferd immer schneller, und Sie können die Trainingszeit verlängern.
Im Laufe der Zeit werden Sie feststellen, daß sich das Pferd schon beim Zügelaufnehmen entspannt und nachgibt. Sie brauchen nicht mehr von hinten zu treiben.

Das ist unser Ziel

Das Pferd gibt sofort auf leisesten Zügeldruck nach. Es kann aber Monate dauern, bis Pferd und Reiter soweit sind.
Sie erinnern sich, daß es für einige Pferde leichter, für andere schwerer ist. Das hat, wie schon besprochen, mit dem Körperbau des Pferdes zu tun.
Haben Sie ein Pferd mit Schwierigkeiten, wie vorher erwähnt, dann hämmern Sie ihm das nicht ein, sondern seien Sie zufrieden, wenn es das Gebiß annimmt, auch ohne im Genick nachzugeben, wenn Sie die Zügel annehmen oder überhaupt mit den Zügeln arbeiten.

In den Klassen, in denen auf Geschwindigkeit geritten wird, hat der Reiter leichten Kontakt mit dem Pferdemaul, wie hier auf dem Foto in der Cow-Working-Class. Der Kopf des Pferdes ist in guter Position und das Maul geschlossen.

In diesem Teil sprechen wir über:

1. Einige abschließende Bemerkungen über die Empfindlichkeit des Pferdemauls
2. Versammlung
3. Reiten am losen Zügel
4. Was macht ein Maul taub und unempfänglich für die Gebißhilfe?

In diesem Kapitel verfeinern Sie die Empfindlichkeit des Pferdemauls. Sie achten immer darauf, daß das Pferd das Gebiß annimmt und im Genick nachgibt. Sie veranlassen es durch Schenkeldruck, ans Gebiß heranzutreten und nachzugeben.
Sie haben dabei immer leichten Kontakt zum Pferdemaul. Das ständige Annehmen und Nachgeben am Zügel bringt dem Pferd bei, keine Angst vor dem Gebiß zu haben. Sie selbst wissen ja, was es heißt, wenn ein Pferd Angst vor dem Gebiß hat. Es trägt meistens den Kopf hoch, und wenn Sie versuchen, mit leichten Paraden den Kopf herunterzuholen, geht es noch mehr gegen an. Es versucht, dem Gebiß auszuweichen.
Es ist nervös und geht eventuell auch hinter dem Zügel, so daß man keinerlei Einwirkung mehr auf das Pferd hat.
Irgendwann aber lernt das Pferd, dem Gebiß nachzugeben, und knickt im Genick ab.

Foto 42: Dieses Pferd steht, im Genick nachgebend, am losen Zügel. Es ist Silver-Apollo unter David Hale.

Foto 43: Dieses Pferd zeigt eine gute Kopfhaltung am losen Zügel. Soll das Pferd mehr durchs Genick gehen, muß man mehr mit dem Zügel spielen.

Foto 44: Trotz Versammlung hat das Pferd den Kopf zu weit vor.

Foto 45: Um die Nase weiter hereinzubringen, treiben wir das Pferd mit Schenkeldruck gegen das Gebiß.

Sie sollten sich merken, daß es viele Gründe gibt, ein Pferd mit leichtem Zügelkontakt zu reiten.
Das heißt nicht, daß Sie am Zügel ziehen oder daß sich das Pferd gegen den Zügel wirft.
Wie in Teil 1 angesprochen, starten Sie mit gebrochenem Schenkelgebiß. Mit Rücksicht auf die Individualität der verschiedenen Pferde reiten Sie das Pferd damit, bis es frei und ohne Kampf im Genick nachgibt und das Gebiß annimmt. Was noch kurz zu erwähnen ist: Das Pferd gibt dann den ,,Rücken her'', es schwingt im Rücken, und der Reiter sitzt frei, weich und angenehm. Im Gegensatz dazu: Wenn das Pferd mit hohem Kopf durch die Gegend läuft, dann ist der Rücken des Pferdes hart und steif.
Nachdem Sie dann einige Wochen mit dem gebrochenen Gebiß gearbeitet haben, gehen Sie zur Kandare mit Zungenfreiheit über. Die Kandarenschenkel haben eine mittlere Länge (Foto 46).

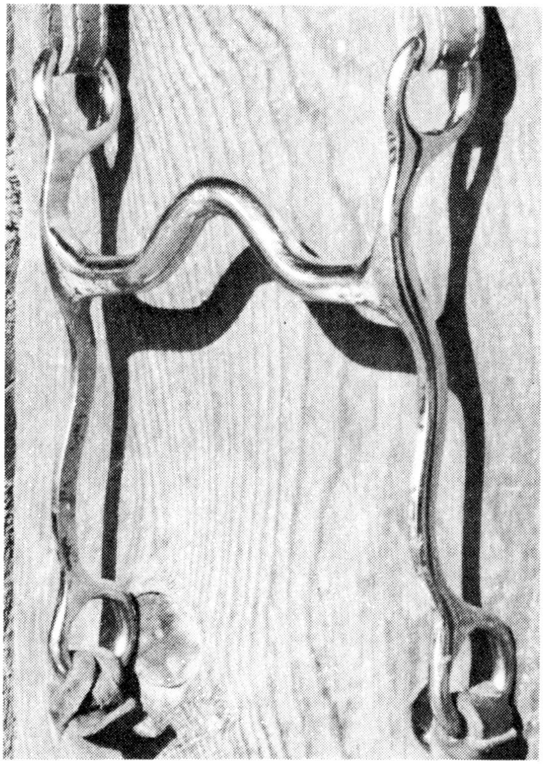

Foto 46: Nachdem wir das Pferd mit dem gebrochenen Gebiß trainiert haben, tauschen wir dieses gegen die rostfreie Kandare aus.

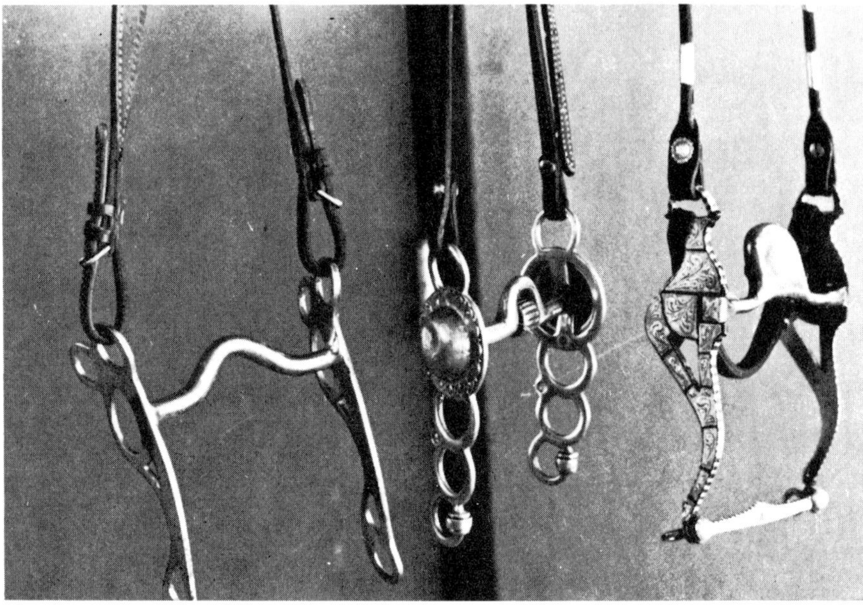

Foto 47: Das sind drei Kandaren, die für ein fertig ausgebildetes Pferd benutzt werden dürfen.

Eine Kandare wirkt in einigen Punkten anders als ein geteiltes Gebiß. Es ist leichter, das Pferd damit in die richtige Haltung zu bekommen, es legt sich nicht aufs Gebiß, sondern nimmt es leichter an.
Wenn das Pferd gelernt hat, mit empfindlichem Maul durchs Genick zu treten, sich selbst zu tragen, so kann es mit der Kandare bis an sein Lebensende geritten werden.
Beginnt das Pferd aber am Gebiß zu reißen, schwer zu werden, so erinnern Sie sich der Übung Annehmen-Nachgeben, und longieren Sie das Pferd mit dem Gebiß.
Es wäre grundlegend falsch, dann ein schärferes Gebiß zu nehmen, denn das Pferd lernt bald, sich auch dagegen zu wehren. Wenn es die Basis des Nachgebens nicht gelernt hat, wird das Pferd im Maul hart.
Nachgeben bedeutet Gehorsam.
Nachweislich ist die Tatsache, daß, wenn man das Gebiß wechselt, also ab und zu einmal Wassertrense, Kandare oder anderes benutzt, das Pferdemaul immer frisch erhalten bleibt.
Gehen Sie auch bei bestimmten Übungen wieder auf das gebro-

chene Gebiß zurück, doch es ist unsinnig, durch immer schärfere Gebisse mehr Gehorsam erreichen zu wollen. Denn sobald das Pferd gelernt hat, dagegen anzugehen, stehen Sie wieder vor dem gleichen Problem.
Das Wort Versammlung verwirrt viele Reiter, die nicht genau wissen, was das ist.

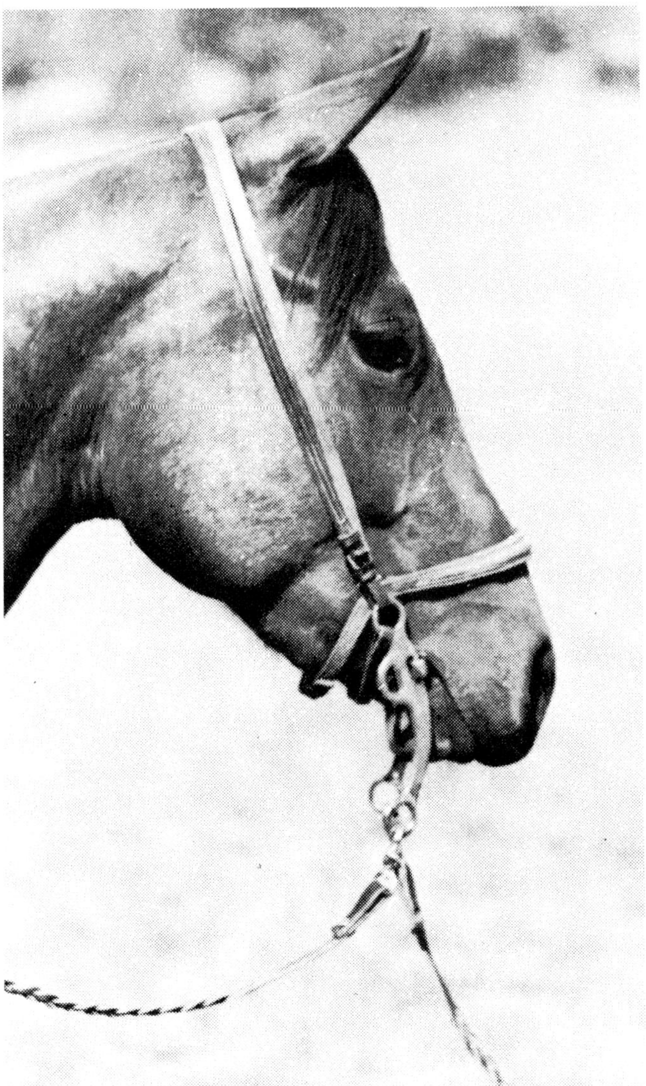

Foto 48: Wenn das Gebiß genau paßt, hat es Kontakt mit den Maulwinkeln.

Das ist ein Ausdruck, der mit der englischen Reitweise bzw. mit der Dressurreiterei in Verbindung gebracht wird, und die meisten Westernreiter wollen davon nichts hören.
Aber die *Versammlung* ist für ein *Westernpferd* genauso wichtig, wenn nicht *mehr!*
Und wenn Sie erreicht haben, daß Ihr Pferd von hinten mit Schenkeldruck an das Gebiß herantritt, im Genick nachgibt, das Gebiß annimmt, dann haben sie die *Versammlung* erreicht.
Steht ein Pferd in der Versammlung, so ist das am besten zu beschreiben mit einer zusammengeschobenen Ziehharmonika. Alle vier Beine sind unter dem Pferd versammelt.
Ein Pferd kann sich im Schritt, Trab, Galopp befinden und, wenn es still steht, versammelt sein.
Bei der Versammlung befindet sich der Schwerpunkt auf der Hinterhand; das erleichtert die Vorhand, wie es für Stops und Wendungen wichtig ist.
Man kann es auch mit einer aufgezogenen Sprungfeder vergleichen. Das Pferd ist bereit, auf das kleinste Reitersignal hin zu reagieren.
Das Pferd kann aus der Hinterhand heraus besser die Galoppwechsel, die roll-backs machen sowie schnell starten und stoppen.
Der Reiter erreicht die Versammlung durch den Schenkeldruck, der die Hinterhand des Pferdes unterschiebt. Das Pferd geht auf leichten Zügelkontakt.
Es ist nicht so wichtig, im Genick abzuknicken, aber wichtig ist, daß sich die Beine unter dem Pferd befinden und der Zügelkontakt ganz leicht in der Hand ist.
Man beachte, daß das Pferd im Genick nachgeben kann, es aber trotzdem nicht in der Versammlung steht. Andere wiederum gehen von Natur aus versammelt. Mit denen hat man wenig Arbeit und sieht immer gut aus.
Sie können mit Ihrem Pferd gleichzeitig das Annehmen und Nachgeben mit der Versammlung trainieren.
Hat das Pferd das Gebiß angenommen, so steht es in der Versammlung. Wir lassen es für immer länger werdende Perioden so stehen.
Merken Sie, daß sich das Pferd auf dem Gebiß schwer macht oder die Hinterbeine nach hinten ausstellt, treiben Sie es mit den Schenkeln wieder an das Gebiß.
Es wird mit der Zeit so gut gymnastiziert sein, daß Sie immer seltener die Hinterhand untertreiben müssen. Hinzu kommt, daß durch diesen Gymnastizierungsprozess auch eine gute Muskelbildung erfolgt.

Verwenden Sie auch die gleichen Methoden, wenn Sie das Pferd dahin ausbilden, am losen Zügel zu gehen.
Der einzige Unterschied: keine Schenkeleinwirkung.
Das Pferd geht selbsttragend.
Sollte das Pferd in seinen Gangarten schneller werden, so verhalten Sie es nur mit den Zügeln.
Sie halten das Pferd einige Minuten, dann geben Sie wieder nach, lassen die Zügel wieder lose.
Wird es schneller, nehmen Sie die Zügel wieder an. Die Abstände von Verhalten und Losegeben werden immer länger, und irgendwann hat das Pferd das gewünschte Tempo begriffen.
Sie sollten aber beachten, daß sich einige Pferde dafür besser eignen und andere gar nicht.
Ein ruhiges, langsam gehendes Pferd eignet sich fürs Reiten am losen Zügel besser als ein feuriges mit viel überschüssiger Energie.
Man sollte bei der Auswahl des Pferdes beachten: Was will ich reiten?
Pferde mit übernatürlichem Temperament oder Pferde mit schlechter Grundausbildung sind nicht imstande, am losen Zügel zu gehen.
Ist ein Pferd frisch und mit zu viel Vorwärtsdrang, longieren wir es vorher ab. Erst dann gehen wir ins Gelände oder in die Turnierübung.
Ist Ihr Pferd von Natur aus schlecht am losen Zügel zu reiten, dann gehen Sie in einen runden Korral, da lernt es das schnell.
Hier ist nämlich seine Geschwindigkeit unter ständiger Kontrolle durch die runde Abgrenzung, und Sie brauchen nicht soviel Zügelparaden zu geben.
Bisher haben wir in diesem Buch nur darüber gesprochen, wie man ein empfindliches Maul *erhält.* Jetzt wollen wir kurz erörtern, was ein Maul *taub* und *hart macht.*
Hier einiges aus der Liste von Fehlern:
- ständiges Rucken am Zügel
- am Zügel die eigene Balance halten
- Reiten mit strammen Zügeln
- extremes, ruckartiges Neck-Reining
- ohne Schenkel reiten.

Das sind alles Fehler des *Reiters,* wohlgemerkt!
Denn der Reiter entscheidet letztlich, ob ein Pferd ein gutes oder ein hartes Maul hat.
Tatsache ist auch, daß das eine Gebiß schärfer ist als das andere, letztlich ist jedes Gebiß so scharf wie des Reiters Hand.

Es sollte sichergestellt sein, daß ein Gebiß genau ins Pferdemaul paßt. Das Mundstück muß die korrekte Breite haben. Es soll bequem in der Maulspalte liegen, nicht zu weit unten hängen noch hochgezogen sein.
Der gröbste und oft zu sehende Fehler ist, daß Reiterneulinge sich am Zügel festhalten, um in der Balance zu bleiben. Sie haben Angst, dem Pferd die Zügel hinzugeben, da sie meinen, sie fielen dann vom Pferd. Dieser konstante Zug übt fortwährenden Druck aufs Maul aus und macht es taub, oder das Pferd lehnt sich aus Widerstand aufs Gebiß. Der Reiter macht das Pferd dafür verantwortlich und legt ihm ein schärferes Gebiß ein.
Bald wird das Pferd auch dagegen immun, und es beginnt alles von vorn.
Eine zu stramme Kinnkette oder zu fest angezogenes Leder ergeben auf Dauer auch ein hartes Maul. Der konstante Druck bewirkt, daß der Nerv in der Kinngegend abgequetscht wird, und nachher merkt das Pferd den Druck nicht mehr; außerdem drückt bei zu fest angezogener Kinnkette das Mundstück fortwährend auf den Kiefer. Das Gefühl im Maul stirbt ab.
Eine zu stramme Kette oder ein Lederriemen bewirken zweierlei: Maul *und* Kinn werden unempfindlich.
Es kommt vor, daß ein Pferd erst sehr gut am Zügel geht, nachgibt, und plötzlich wirft es den Kopf hoch oder geht zurück. Sollte das vorkommen, kontrollieren Sie bitte die Lage des Gebisses. Somit ist sichergestellt, daß dort nichts piekt oder klemmt. Ist das okay, aber das Pferd schlägt weiter mit dem Kopf oder ähnliches, rufen Sie den Tierarzt und lassen die Zähne untersuchen. Da gibt es oft bei jungen Pferden Zahnprobleme, die sich durch das Gebiß in Schmerz umwandeln.
Es ist nicht unüblich, zu fragen, ob man mit Hackamore weitertrainiert.
Hackamores sind okay und haben viele Vorzüge, einiges kann man sehr gut damit trainieren.
Aber die Hackamore wirkt auf Nase und Kinnbacken, nicht im Maul. Planen Sie, Ihr Pferd auf Turnieren vorzustellen, so muß die Ausbildung auf Gebiß erfolgen, damit es nachher vom Pferd respektiert wird.
Eines Tages wird Ihr Pferd so weit fortgeschritten sein, daß Sie es mit losem oder leicht angenommenem Zügel in der „Pleasure-Class, Equitation, Trail-Class" oder in anderen Disziplinen vorstellen können.

Erlaubt es die Körperkonstitution des Pferdes, stellen Sie das Pferd im Genick nachgebend bei leichtem Zügelkontakt oder am losen Zügel vor.
Klassen, die auf Geschwindigkeiten geritten werden (Reining-classes), werden mit leichtem Zügelkontakt geritten, denn dann ist die Zügelhand jederzeit in der Lage, die Geschwindigkeiten herabzusetzen, zu stoppen oder zu wenden. Das heißt nicht, daß das Pferd unter ständigem Zügelzug steht. Leichter Kontakt heißt immer: Harmonie zwischen Reiter und Pferd in der Geschwindigkeit.
Hervorragend ist es, wenn man das Pferd so gut ausgebildet hat, daß es dem Reiter möglich ist, mit seinem Pferd langsam am losen Zügel sowie schnell mit leichtem Zügelkontakt zu arbeiten.
Zum Abschluß wollen wir noch erwähnen, daß man ältere Pferde mit hartem Maul zur Sensibilität trainieren kann, und zwar auch nach den Anregungen in Teil I bis III. Es dauert entsprechend länger, aber es geht, und Sie werden den Erfolg spüren.

So lernt Ihr Pferd rückwärts zu gehen

Viele Pferde treten nicht gern oder nicht korrekt zurück. Dafür gibt es zwei Hauptgründe:

1. Sie mögen nicht zurückgehen.
2. Ihnen ist nicht beigebracht worden, gerade und schnell rückwärts zu treten, mit gesenktem Kopf und geschlossenem Maul.

Pferde gehen nicht gern rückwärts, weil das eine unnatürliche Bewegung für das Pferd ist.

Foto 49: Diese Stute zeigt uns die ideale Form des Rückwärtsrichtens. Sie geht schnell und fleißig zurück und hat das Maul geschlossen und den Kopf in guter Haltung. Die Reiterin arbeitet stark mit Schenkeldruck. Hier ist auch deutlich zu erkennen, warum das Pferd das Gewicht nach hinten verlagern muß. Die Hinterhand muß gut unter dem Pferd stehen, damit es perfekt rückwärts gehen kann.

Beobachten wir ein freies Pferd auf der Koppel, erleben wir es sehr selten, daß ein Pferd an einem Punkt ankommt, an dem es nicht weiter kann, rückwärts geht.
Es rennt entweder weiter vorwärts oder wendet ab und macht kehrt. Um das Pferd zum raschen Rückwärtstreten zu veranlassen, muß das Pferd wieder aus der Hinterhand gearbeitet werden, denn dort sitzt der ,,Motor'' des Pferdes!
Da liegt allerdings auch die Schwierigkeit. Die Vorderbeine stützen zwei Drittel des Gewichts. Soll das Pferd rückwärts gehen, bringt es das Gewicht auf die Hinterhand, die Hinterhand trägt also das Gewicht und soll sich dabei noch bewegen.
Rückwärtsrichten, also ,,to back'', ist eine völlig neue Übung für das junge Pferd. Die Muskulatur ist dafür nicht gedacht, sondern sie muß dafür erst herangebildet werden. Deshalb geht das Pferd zu Anfang nur sehr widerwillig zurück.
Ein Problem wird es, wenn die Hinterbeine des Pferdes zu gerade stehen oder zu weit nach hinten gestellt sind. Es ist für diese Pferde schwer, die Hinterbeine weit genug unter sich zu bekommen.
Der Schlüssel zum Erfolg liegt darin:
Das Gewicht muß von der Vorhand auf die Hinterhand verlagert werden!
Das kann man erst vom Boden aus üben, man hat es dann nachher leichter im Sattel.
Das ,,Back'' vom Boden aus ist nicht schwierig, man sollte sich zwei Punkte merken:

1. Das Pferd muß sein Gewicht nach hinten verlagern.
2. Das Pferd hat es leichter, wenn es die Vorhand leicht anhebt.

Für diese Übung nehmen Sie das Pferd an das Halfter und legen die Führleine oder Kette an. Sie stellen das Pferd parallel zum Zaun. Da haben Sie es besser unter Kontrolle.
Bei den meisten Pferden ist es wichtig, das Kommando ,,Back'' zu geben und es gleichzeitig an der Führleine zur Brust hin nach rückwärts zu bewegen.
Wir können dem Pferd auch mit der Hand vor die Brust oder an die Schulter klatschen.
Die erste Reaktion: Das Pferd versucht, nach vorn zu stürmen.
Es ist daher wichtig, an der Seite des Pferdes zu stehen, nicht davor. Widersetzt sich das Pferd, zurückzugehen, nehmen Sie die Führleine etwas länger, geben das Kommando ,,Back'' und schlenkern die Führleine auf und ab. Das Pferd nimmt den Kopf hoch, da es dem

Schlenkern ausweicht, die Vorhand kommt höher, die Hinterhand vermehrt unter.
Zieht man die Führkette unter dem Kinn durch, schlenkert sie aus dem Handgelenk leicht auf und ab, nimmt das Pferd den Kopf hoch und geht zurück.
Das Benutzen der Kette sollte nur ein- oder zweimal geschehen. Da das Pferd immer versucht, vorwärts zu stürmen, sollte man aufpassen, um nicht in eine unangenehme Situation zu kommen.
Egal, welche Methode man verwendet, das Pferd geht ein, zwei Schritte zurück: anhalten und loben. Wieder ein paar Schritte: loben. Nicht zuviel auf einmal verlangen!
Ein paar Schritte rückwärts sollten zu Anfang genügen. Ist es mit der Übung vertrauter, können Sie es auch länger rückwärts treten lassen.
Sie hatten Ihr Pferd ja schon ausgebunden longiert, mit Gebiß und Longe oder frei. Das machen Sie auch beim Rückwärtsrichten.
Es darf nur auf Kommando zurücktreten. Tut es das noch nicht, legen Sie ein Halfter über die Trense und arbeiten nach vorhin beschriebener Methode.

Foto 50: Wenn Sie das Pferd vom Boden aus rückwärts richten, dürfen Sie die Führleine nicht, wie hier auf dem Foto, nach unten ziehen. Das zieht den Kopf des Pferdes herunter und macht es dem Pferd unmöglich, die Hinterhand untertreten zu lassen.

Foto 51: Durch Auf- und Abschlenkern der Führleine veranlassen Sie das Pferd, den Kopf hochzunehmen. Die Vorhand kommt höher, und es tritt hinten unter.

Richten Sie es nicht durch Ziehen am Zügel zurück!
Ausgebunden Rückwärtsrichten ist eine gute Übung für das Pferd, es lernt, den Kopf beim Rückwärtstreten in der angemessenen Position zu behalten.
Das ist gut für ein Pferd, das den Kopf zu tief nimmt. Mit zu tiefer Kopfhaltung kann das Pferd die Vorhand nicht entlasten, es kann nicht zurücktreten.
Also nimmt es den Kopf höher und ist dann genau in der richtigen Haltung.
Manchmal treten bei Pferden dennoch wieder Schwierigkeiten auf. Das Pferd geht nicht sauber zurück, hört nicht auf Kommando, respektiert nicht den Schenkel, und das Maul ist nicht feinfühlig genug. Arbeiten Sie das Pferd von oben, so stellen Sie es vorher in die Versammlung. Steht es nicht korrekt auf allen vier Beinen, gehen Sie ein oder zwei Schritte vor.
Sie nehmen die Zügel wieder in beide Hände, halten mit dem Pferdemaul leicht Kontakt. Sie merken, wenn es nachgibt und das Gebiß annimmt.
Legt es sich aufs Gebiß, stellen Sie es durch Schenkeldruck heran. Das treibt die Hinterhand des Pferdes unter, die Vorhand kommt

hoch. Es lehnt sich nicht mehr aufs Gebiß. Dann geben Sie die Zügel wieder etwas nach und gehen in die ständig annehmende - nachgebende Phase.
Dabei wiederholen Sie ständig das Kommando „Back". Leichter Schenkeldruck oder Absatz-Kick.
Geht es dann zwei oder drei Schritte zurück, geben Sie die Zügel vor und loben das Pferd. Danach geht es ein oder zwei Schritte mehr zurück. Wieder loben. Hören Sie dann mit der Übung auf und machen Sie etwas anderes.
Es gibt einen guten Grund, die Schenkel beim Rückwärtsrichten einzusetzen. Es veranlaßt das Pferd, in gerader Linie zurückzutreten. Geht es mehr nach rechts, drücken wir rechts mehr gegen, und geht das Pferd mehr links hinüber, drücken wir mit dem linken Schenkel gegen, um das Pferd zu begrenzen.
Beachten Sie aber, daß Sie durch unkorrekten Schenkeleinsatz das Pferd nicht selbst aus der Geraden bringen oder weil Sie Ihr Gewicht zur einen oder anderen Seite verlagert haben.
Noch ein wichtiger Grund für den Schenkeldruck: Man kann das Pferd durch stärkeren Druck schneller rückwärts treten lassen, und zwar durch beidseitigen, gleichmäßigen Druck.

Foto 52: Diese junge Paint-Stute geht beim Freilongieren auf Kommando rückwärts. Ausgebunden Rückwärtsrichten ist eine gute Übung, dem Pferd beizubringen, den Kopf in korrekter Haltung zu bewahren.

Zu Beginn sollten Sie das Rückwärtsrichten auf ein paar Tritte beschränken, bis das Pferd sich an die neue Übung gewöhnt hat.
Später bilden Sie das Pferd dahingehend aus, nur auf Kommando rückwärts zu gehen, mit einem Minimum an Schenkel- und Zügeldruck.
Ihre Zügelhand, wie sie angewendet wird, ist ein wichtiger Faktor beim „Backing".
Zu sehr durchhängende Zügel bringen die Hand nachher in den eigenen Magen. Es ist dann schwer, die Zügel effektvoll einzusetzen.
Werden die Zügel angenommen, so soll das eine schnelle annehmende und nachgebende Bewegung sein. Einige Pferde reagieren beim leisesten Tick, andere brauchen es etwas stärker.

Foto 53: Hier lernt die Stute unter dem Reiter Rückwärtsrichten. Sie geht sehr langsam, aber korrekt zurück. Die Reiterin arbeitet mit Schenkeldruck und leichtem annehmendem und nachgebendem Zügel.

Riegeln, Reißen, starkes Ziehen und zu langer Zügel bewirken eines Tages, daß das Pferd mit dem Kopf schlägt. Und das Maul aufreißt; es bewirkt aber auf keinen Fall, daß das Pferd schneller zurückgeht. Schnelleres Zurücktreten erreicht man nur durch stärkeren Schenkeldruck.
Man muß immer wieder daran denken, daß die Hinterhand der „Schlüssel" des Rückwärts ist, motiviert durch den Schenkeldruck. Ist das Pferd stur, setzen Sie die Absätze variabel ein, nicht immer am gleichen Punkt. Notfalls kurz ein, zwei Gertenschläge.
An den Zügeln zu ziehen nützt nichts!
Bei einem empfindlichen Maul setzen Sie Ihre Zügelhand korrekt ein, leichter Schenkeldruck, und Sie haben keine Probleme.

Foto 54: Rückwärts durch das „L" im Trailparcours: Es erfordert vom Pferd leichtes, gerades und reibungsloses Rückwärtsgehen.

Der Kopf ist in der richtigen Position, das Maul geschlossen. Reißt es das Maul auf, dann ziehen Sie zu stark am Zügel, oder das Pferd kämpft gegen das Gebiß.

Geht Ihr Pferd eines Tages korrekt zurück, seien Sie bitte zufrieden und verlangen Sie es nicht schneller. Es gibt Pferde, die nicht gern schnell zurückgehen, oder sie sind körperlich nicht dazu in der Lage. Verlangt man von diesen Pferden ein zu schnelles „Back", werden sie eines Tages sauer und gehen gar nicht mehr zurück. Mit dieser Methode können Sie auch einem älteren Pferd das Rückwärtstreten beibringen, vorab müssen Sie es aber aufs Gebißannehmen und Schenkeldruck trainieren. Danach kann es erst das „Back" lernen.

Die Schenkelhilfen für die Seitengänge des Pferdes

Die Seitengänge sind eines der wichtigsten Übungen, die ein Pferd beherrschen kann. Sie sind von großem Nutzen.
Beherrscht ein Pferd die Seitengänge, kann man es hinmanövrieren, wohin man will.
Es geht dann seitwärts und rückwärts so gut wie vorwärts. Man vergleiche es mit einem Auto, das man beim Einparken seitwärts fahren könnte. Wieviel einfacher wäre das!
Es gibt diverse Gründe, warum es für ein Pferd günstig und bequem ist, seitwärts gehen zu können.
Zum Beispiel, um vom Pferd aus ein Tor zu öffnen. Im Trail-Parcours werden oft Hindernisse aufgebaut, die man nur durch Seitengänge bewältigen kann.
Auch in der Aufreihung, in der Mitte des Turnierplatzes, kann man sich dann durch ein paar Schritte zur Seite vom störenden Nachbarpferd entfernen.
Seitengänge sind wichtig zur Gymnastizierung des Pferdes. Das Pferd lernt, seine Bewegungen zu koordinieren und sich im ganzen Körper zu biegen.
Die Gymnastizierung wirkt muskelbildend.
Das Pferd lernt, auf der richtigen Hand zu gehen (Rechtsgalopp-Linksgalopp). Das Pferd lernt, den Schenkeldruck zu respektieren. Man kann es nachher besser in den Handgalopp setzen.
Für einige Trainer sind die Seitengänge die elementarsten Übungen für späteres „Two-Track".
Das ist wiederum die Basis für den fliegenden Galoppwechsel.
Grundlegend wichtig ist für das Schenkelweichen:
Das Pferd muß den Reiterschenkel respektieren!
Drückt der Reiter den rechten Schenkel ans Pferd, geht es nach links, drückt der Reiter den linken Schenkel ans Pferd, geht es nach rechts.
Um dem Pferd das Schenkelweichen beizubringen, benötigen wir einen hohen Zaun oder die Bande der Reithalle. Das Pferd wird mit dem Gesicht zum Zaun gestellt und daran entlang gearbeitet.
Folgendes ist zu tun: Wenn das Pferd in der richtigen Position zur Bande steht, nehmen Sie die Zügel in beide Hände, linker Zügel linke Hand, rechter Zügel rechte Hand.

Foto 55: Dieses junge Pferd lernt gerade Seitwärtstreten nach rechts. Der Kopf ist deshalb nach links gestellt; das erleichtert dem Reiter, das Pferd mit Schenkel und Gewicht nach rechts zu drücken.

Foto 56: Nun geht das Pferd schon perfekter und sicherer seitwärts, deshalb ist der Pferdekopf nicht mehr so stark gestellt.

Foto 57: Das erstrebenswerte Ziel: Seitwärtstreten mit geradegerichtetem Pferd. Die Reiterin drückt nur den linken Schenkel ans Pferd und läßt den anderen vom Pferd weg, um es nicht zu verwirren.

Nehmen wir an, Sie gehen nach rechts, dann nehmen Sie den Kopf des Pferdes leicht nach links, drücken gleichzeitig den linken Schenkel ans Pferd.

Die erste Reaktion wird sein, daß sich das Pferd nach vorn oder rückwärts bewegt. Der Zaun bremst das Pferd nach vorn, von hinten treiben Sie das Pferd vor, wenn es zurücktritt. Der Kopf des Pferdes bleibt nach links gestellt, Sie treiben das Pferd mit dem linken Schenkel, bis das Pferd ein oder zwei Schritte nach rechts macht.

Halten Sie für 30 Sek. und loben es.

Dann stellen Sie das Pferd um, das heißt, den Kopf nach rechts und treiben es mit dem rechten Schenkel nach links. Statt kontinuierlichem Drücken mit dem Schenkel nehmen Sie ein stetes Tap-Tap-Tap.

Nach den ersten Schritten nach links loben und 30 Sek. halten.

Die Pferde gehen auf der einen Seite besser, als auf der anderen, meistens besser nach links als nach rechts. Darüber brauchen Sie sich nicht zu wundern.

Foto 58: Seitwärts über ein Hindernis treten ist eine der Aufgaben der Trail-Class. Da das Pferd nun seitwärtstreten kann, arbeitet der Reiter mit einhändiger Zügelführung.

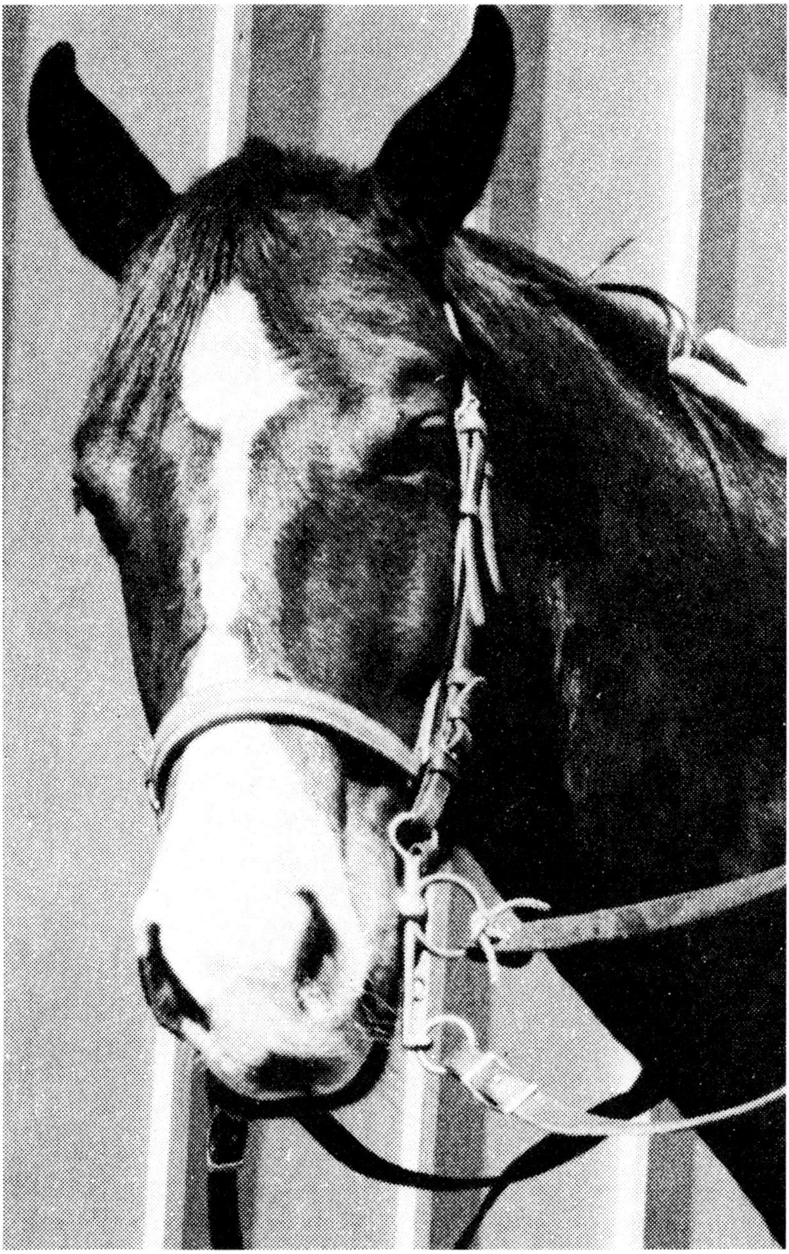

Foto 59: Beim Training der Seitengänge arbeiten Sie mit der direkten Zügelhilfe. Mit Schenkelgebiß und gebrochenem Mundstück, wie mit diesem Pelham-Gebiß. Die oberen, seitlichen Ringe sind für die direkte Zügelhilfe notwendig.

Sie lassen es immer abwechselnd, nach kurzen Ruhephasen, in denen es sich konzentrieren kann, in beide Richtungen seitwärts treten.
Üben Sie also nicht eine Seite zur Zeit, sondern abwechselnd auf beiden Seiten.
Auf keinen Fall sollten Sie das Pferd mit der neuen Übung überfordern, sondern lieber am nächsten Tag weitermachen.
Hier noch einige Anmerkungen über die Technik:
Wenn Sie wünschen, daß das Pferd nach rechts tritt, so treiben Sie mit dem linken Schenkel, denn es hat in vorhergehenden Trainingsstunden schon gelernt, dem Schenkeldruck auszuweichen. Es bewegt sich also nach rechts.
Da Sie gleichzeitig den Kopf des Pferdes nach links gestellt haben, können Sie mit dem linken Schenkel effektiver treiben und verlegen außerdem Ihr Gewicht nach links. So drücken das Reitergewicht und der Schenkel das Pferd nach rechts, es weicht dem Druck aus. Das angestrebte Ziel ist es, daß das Pferd mit gerade-gestelltem Kopf und Körper seitwärts geht.

Foto 60: Wenn Sie beim Seitwärtstreten mit dem Pferd Schwierigkeiten haben, z. B. die Hinterhand nicht mitkommt, nehmen Sie die Trainingsgerte als verlängerte Schenkelhilfe zur Hand. Benutzen Sie die Gerte nur so lange, wie es unbedingt nötig ist.

Foto 61: Beginnen Sie mit den Seitengängen, so neigt das Pferd zu Beginn dazu, nach vorn zu treten. Arbeiten Sie es mit dem Gesicht zur Wand, dann kann es nicht nach vorne. Das erleichtert die Arbeit. Tritt es nach hinten, treiben Sie es mit den Schenkeln wieder nach vorn.

Vorher muß es allerdings exakt das Schenkelweichen auf beiden Seiten ausführen.
Sie werden feststellen, wie schwer es ist, ein Pferd in gerader Position seitwärts zu stellen und gehen zu lassen.
Die meisten Pferde vergessen beim Seitwärtstreten die Hinterhand mitzunehmen, sie gehen nur mit den Vorderbeinen seitwärts.
Das Pferd muß seitwärts übertreten (Foto 56 + 57).
Damit das Pferd auch hinten übertritt, wird die Hinterhand mit den Schenkeln motiviert.
Haben Sie starke Schwierigkeiten, das Pferd hinten übertreten zu lassen, nehmen Sie die Trainingsgerte zur Hand (ca. 120 cm lang).
Die Gerte soll nur die verlängerte Schenkelhilfe sein, aber nicht zum Strafen eingesetzt werden.
Auf der Seite, auf der die Schenkelhilfe nicht respektiert wird, setzen Sie die Gerte ein. Schenkelhilfe und Gerte müssen übereinstimmend gegeben werden.

Wenn Sie mit der direkten Zügelhilfe arbeiten (statt neck-reining), verwenden Sie ein geteiltes Gebiß. Die Wirkung der gebrochenen Stange ist optimal für die direkte Zügelhilfe.
Würden Sie mit der Kandare und direkter Zügelhilfe arbeiten, zögen Sie den Kopf des Pferdes zurück, wie schon im Kapitel Schenkeldruck behandelt. Das Pferd würde den Kopf schräg stellen und entzöge sich der Reiterhilfe.
Hat das Pferd die Seitengänge begriffen, verfeinern Sie Ihre Hilfengebung.
Sie lassen es seitwärts treten mit geradegerichtetem Körper, geben nur noch leichten Schenkeldruck und arbeiten mit einhändiger Zügelführung.
Ein Beispiel: Soll das Pferd nach rechts treten, bekommt es, unsichtbar für den Zuschauer, mit dem linken Schenkel Druck und der linke Zügel berührt leicht den Hals.
Wird das neck-reining zu hart angewendet, dann ziehen Sie den Kopf des Pferdes aus der korrekten Position und gleichzeitig kommt die Hinterhand aus der Linie, und es kann vorkommen, daß sich das Pferd herumdreht.
Die Hilfengebung muß immer leicht und korrekt sein!

Seitengänge - seitwärts/vorwärts. Viereck verkleinern/vergrößern

Viereck verkleinern/vergrößern ist eine wichtige, gymnastische Übung für das Pferd. Es fördert die Durchlässigkeit und die Geschmeidigkeit.
Es wird darin ausgebildet, sich in jede Richtung zu bewegen.
Der Two-Track ist der Basisschritt für den fliegenden Galoppwechsel!
Grundlegend ist Viereck verkleinern/vergrößern identisch mit dem Schenkelweichen und den Seitengängen.
Es gibt allerdings einen Unterschied:
Beim Seitwärtstreten geht das Pferd *ohne* ein Vorwärts.
Beim Two-Track geht das Pferd seitwärts *und* vorwärts.
Auf der Skizze, Bild 63, können Sie das am besten erkennen. Das Pferd steht mit dem Gesicht nach N, gerade gerichtet. Beim Two-Track nach rechts bleibt das Gesicht nach N gewandt, aber der Körper geht nach NO (NE).
Beim Two-Track nach links geht das Pferd diagonal nach NW.
Da Seitengänge und Two-Track ähnlich sind, verwenden Sie auch ähnliche Hilfengebung.
Außerdem ist folgendes sehr wichtig:
Wenn Sie mit Ihrem Pferd bei den Seitengängen Probleme haben, üben Sie zuerst den Two-Track.
Nachdem das Pferd gut seitwärts-diagonal geht, setzen Sie es nach und nach immer mehr seitwärts, bis es parallel zum Zaun geht.
Sie reiten wieder beidhändig mit direkter Zügelhilfe.
Während das Pferd flott im Schritt geht, leiten Sie langsam den Two-Track nach rechts ein.
Sie stellen das Pferd nach links, verlagern das Reitergewicht nach links und drücken es mit dem linken Schenkel nach rechts.
Da das Pferd um den inneren, in diesem Fall den linken Schenkel gebogen ist, können Sie es leichter in die Bewegungsrichtung drükken.
Da Sie auch das Reitergewicht nach links verlagern, kommt das Pferd freier zum Treten.
Two-Tracking nach links:
Den Pferdekopf leicht nach rechts nehmen, das Reitergewicht nach rechts verlagern und mit dem rechten Schenkel treiben. Das Pferd muß vorwärts/seitwärts gehen.

Bei der Biegung nimmt der innere Zügel das Pferd etwas nach innen, nicht straff, sondern leicht, unmerklich annehmend, und der äußere Zügel behält es mit ständigem leichtem Kontakt zum Pferdemaul in Stellung.
Das große Problem ist es, die Vorwärtsrichtung des Pferdes beim seitlichen Übertreten zu erhalten.
Viele Reiter lassen das Pferd zu stark seitwärts treten und vergessen dabei die Vorwärtsbewegung.
Sie müssen also die seitwärts- und vorwärtstreibenden Hilfen gleichzeitig geben.
Beim Vorwärtstreiben darf das Seitwärtstreten nicht unterbrochen werden.
Es erfordert absolute Koordination der Hilfengebung, die man erst mit der Praxis (Training) erreicht.

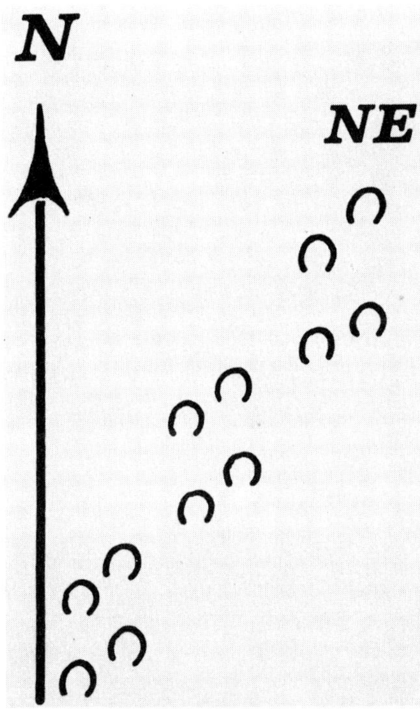

Bild 63: Diese Skizze zeigt den Two-Track. Der Pfeil zeigt an, in welcher Richtung das Pferd mit dem Gesicht steht, nämlich nach Norden. Die Beine gehen diagonal nach Nord-Ost, wenn das Pferd nach rechts geht. Beim Two-Track nach links gehen die Beine nach Nord-West.

Foto 62: Dieses Pferd geht im Viereck verkleinern/vergrößern nach links, im Schritt. Man beachte, wie das rechte Bein übertritt.

Foto 64a: Der Zaun ist die Leitlinie zur Kontrolle, ob das Pferd seitwärts nach vorn tritt, diagonal durch die Bahn. Hier geht das Pferd im Two-Track vom Zaun weg. Die Hinterhand zieht etwas nach.

Foto 64b: Auf diesem Foto bewegt sich das Pferd im Two-Track zum Zaun hin, es geht korrekt.

65 a

65 b

Fotos 65a + b: Auf diesen Fotos geht das Pferd seitwärts Two-Track auf den Zaun zu. Auf 65a geht die Hinterhand nicht korrekt mit, auf 65b befindet sich das Pferd parallel zum Zaun. Diese Position ist besser.

Fotos 66a + b: Mona Betts demonstriert die Zügelführung beim Two-Track nach links. a: Beidhändige Zügelführung, das Pferd ist nach rechts gestellt. b: Einhändige Zügelführung, das Pferd ist geradegestellt.

Fotos 67a+b: Diese Fotos zeigen (übertrieben) die Position des Reiters beim Two-Track. a: Two-Track nach links, Gewicht und Schenkel treiben das Pferd nach links.

b: Two-Track nach rechts (knicken Sie nicht in der Hüfte ein, das Gewicht bleibt sonst auf der falschen Seite).

Geht das Pferd im Schritt sicher den Two-Track, fangen Sie an, den Two-Track im Trab oder Jog zu trainieren.
Der Impuls nach vorn darf nicht verlorengehen.
Sie sollten diese Übung nicht in einem zu schnellen Trab trainieren, das Pferd könnte sich treten, der eine vordere Fuß würde durch den übertretenden Fuß verletzt. Beherrscht das Pferd den Two-Track später perfekt, dann hat es gelernt, sich selbst zu tragen und ist für andere Übungen gut vorbereitet.
Haben Sie den Two-Track im Jog gemeistert, gehen Sie über zum Galopp.
Auch im Galopp geben Sie dieselben Hilfen.
Zunächst allerdings muß das Pferd auf dem richtigen Fuß galoppieren:
Two-Track rechts = Rechtsgalopp
Two-Track links = Linksgalopp.
Es ist für das Pferd unmöglich, Two-Track nach links zu machen, wenn es sich im Rechtsgalopp befindet, und umgekehrt.
Wechseln Sie die Richtung, parieren Sie durch zum Trab oder Schritt und bringen das Pferd wieder in den Handgalopp.
Two-Track rechts:
Bringen Sie das Pferd in den richtigen Galopp, den Pferdekopf unmerklich nach links stellen, mit dem rechten Zügel das Pferd verwahren, Gewicht nach links, linker Schenkel ans Pferd.
Entsprechend umgekehrt beim Two-Track nach links.
Auch hier verfeinern Sie später die Hilfengebung. Anstatt den Pferdekopf zu stellen, bleibt er geradeaus gerichtet.
Der Schenkel wird kaum merklich angelegt und das Gewicht kaum merklich verlagert.
Das hier angestrebte Ziel:
Das Pferd geht den Two-Track, gerade wie ein Pfeil gestellt, seitwärts/vorwärts.
Das wird im Galopp schwer, da es dem Pferd leichter fällt, mit der Vorhand seitwärts zu gehen als mit der Hinterhand. Deshalb beobachtet man oft, daß die Hinterhand nachzieht.
Das ist zu korrigieren, indem man die Vorhand etwas mit den Zügeln verhält und die Hinterhand mit den Schenkeln aktiviert.
Beim Galopp müssen Sie zusätzlich die Geschwindigkeit nach vorn kontrollieren, Sie dürfen das Pferd dabei nicht in den Trab fallen lassen.
Zur Kontrolle reiten Sie den Two-Track immer parallel zum Zaun oder zur Bande.

Foto 68: Das Top-Trailpferd von California: Little Nebraska, im Besitz und geritten von Herb Aptel aus Tarzana, Cal.

So können Sie gleich die Korrekturhilfe geben, wenn die Hinterhand ausfällt.
Sie arbeiten das Viereck verkleinern/vergrößern zur Bahnmitte hin, ein bis zwei Schritt gerade, dann zum Zaun zurück.
Auch im Galopp verkleinern/vergrößern Sie das Viereck zur Bahnmitte hin, parieren durch zum Trab und galoppieren im Wechsel neu an.
Das ist eine neue und schwierige Übung, und Sie sollten sie nicht zu oft hintereinander üben.
Die Muskulatur des Pferdes muß sich dahingegend erst ausbilden.
Erst wenn das Pferd korrekt im Schritt geht, dann mit Trab beginnen, erst wenn der Trab korrekt ist, aus dem Galopp heraus Viereck verkleinern/vergrößern.

Foto 69: Mona Betts auf Little Buck, Besitzer Bill Hortons aus Parker, Col., in einer Vorführung der Trail-Class in Hutchinson, Kansas.

Anmerkung der Autoren:
Wir wollen hier noch bemerken, daß in der klassischen Dressur beim Two-Track die Vorhand etwas mehr vorgeht als die Hinterhand. Der Kopf ist in Bewegungsrichtung gestellt.
Für den normalen Westernreiter und sein Pferd ist es einfacher, mit der hier beschriebenen Methode zu arbeiten. Bei Englisch- wie Westernreiten ist es wichtig, daß der Reiter lernt, die Hinterhand des Pferdes mit den Schenkeln zu kontrollieren!

Linksgalopp/Rechtsgalopp

Linksgalopp oder Rechtsgalopp?
Das ist für manche Reiter eine große Schwierigkeit! Man sieht das immer wieder auf den Turnieren.
Schon oft ist ein Reiter in der Pleasure-, Trail-, Horsemanship- oder einer Reining-Class schlecht benotet worden, und er weiß gar nicht, warum.
Das Pferd war im „falschen Galopp", und der Reiter hat das nicht bemerkt.
Linksgalopp/Rechtsgalopp verwirren den Reiter.
Was bedeutet das, und warum ist das so wichtig?
Wenn Sie da unsicher sind, beobachten Sie einmal einen anderen Reiter beim Galopp:
Streckt das Pferd das linke Bein weiter vor, geht es im Linksgalopp, auf der linken Hand,
streckt das Pferd das rechte Bein weiter vor, geht es im Rechtsgalopp, auf der rechten Hand.
Linke Hand heißt: Um die linke Hand herumgeritten, die linke Hand zeigt zur Bahnmitte.
Rechte Hand geritten heißt: Um die rechte Hand geritten, die rechte Hand zeigt zur Bahnmitte.
Sitzen Sie selbst auf dem Pferd, dann lassen Sie jemanden dabei sein, der Ihnen genau sagt, in welchem Galopp Sie sich befinden.
Man kann das auch selbst vom Pferd aus sehen:
Man sieht an der Schulter des Pferdes herunter oder achtet auf die Bewegung der Schulter. Das Bein oder die Schulter, die weiter vorkommt, ist die entsprechende Hand.
Später, nach ausreichender Übung, finden Sie es selbst heraus. Sie müssen lernen, das zu „erfühlen", durch die Jeans oder Chaps hindurch.
Auf Turnieren ist das sehr wichtig, denn über die Schulter des Pferdes zu sehen, kostet Punkte, speziell in der Equitation-Class. Sollten Sie aber ganz unsicher sein, auf welcher Hand Ihr Pferd geht, so ist es immer noch besser, über die Schulter zu sehen, als im falschen Gelapp weiterzureiten.
Die Wichtigkeit des richtigen Galopps erfordert detaillierte Erklärungen, aber grundlegend wichtig ist:
Man kann durch den richtigen Galopp jedes Manöver ausbalancieren.

Geht ein Pferd auf dem Zirkel im falschen Galopp, daß also nicht das innere Bein, sondern das äußere Bein weiter vorgestreckt wird (Außengalopp), und man wendet oder wechselt die Richtung, dann befinden sich weder der Reiter noch das Pferd in der Balance.
Auf dem Zirkel linksherum geritten = Linksgalopp.
Auf dem Zirkel rechtsherum geritten = Rechtsgalopp.
Geht das Pferd vorn Rechts- und hinten Linksgalopp, heißt das „Kreuzgalopp". Das merkt jeder Reiter sofort, denn es läßt sich unbequem sitzen.
Viele Pferde bevorzugen den Linksgalopp, manche auch den Rechtsgalopp. Wie es eben auch beim Menschen Rechts- und Linkshänder gibt.
Sie müssen das Pferd auf beiden Seiten gleich gut ausbilden, sonst neigt es immer dazu, seine „Schokoladenseite" einzusetzen, ohne Rücksicht auf die Richtung und das Kommando des Reiters.
Das wäre weiter nicht tragisch, solange man nicht am Turnier teilnimmt. Jedes andere Pferd, Reit- und Gebrauchspferd, sollte auf beiden Händen gleich gut galoppieren.
Ein einseitiges Galoppieren ermüdet das Pferd schneller.
Wie schon gesagt, man sitzt unbequem auf dem Pferd, wenn es im Linksgalopp rechtsherum geht und umgekehrt.
Vielen Ranch- und Rope-Pferden wurde das nie beigebracht, aber einige wechseln beim Verfolgen eines Kalbes oder Stieres von selbst die Hand, wenn es angebracht ist.

Foto 70: Ein Turnierpferd muß so ausgebildet werden, daß es die Signale des Reiters sofort befolgt. Hier galoppiert es auf Kommando des Reiters rechts an. Das Pferd wird entlang eines Drahtzaunes ausgebildet.

Einem Turnierpferd aber muß man das erst beibringen, denn es soll die Hand auf das Kommando des Reiters wechseln.
In folgenden Disziplinen wird der Galoppwechsel einfach oder fliegend verlangt:
Pleasure-, Trail-, Equitation-, Reining-, Western-Riding- und Cow-Horse-Class.
Diese Prüfungen sollen zeigen, ob das Pferd leicht und willig die Kommandos des Reiters ausführt, sich selbst trägt und dem Reiter angenehm ist.
In der Equitation-Class ist es wichtig, daß das Pferd sowohl rechts- als auch linksherum geht.
Der Links- und Rechtsgalopp sind ein grundlegender Prüftest. Das Pferd muß also auf Kommando des Reiters die Hand wechseln und somit den Galopp.
Um beim Turnier erfolgreich zu sein, ist es wichtig zu wissen, welcher Galopp angezeigt ist. Nicht den Atem anhalten und warten, ob das Pferd es richtig macht. Der Richter bemerkt sofort den falschen Galopp. Das bedeutet Punktabzug!
Reitet man im Uhrzeigersinn durch die Bahn, reitet man auf der rechten Hand, im Rechtsgalopp.
Gegen den Uhrzeigersinn im Linksgalopp.
Am leichtesten läßt sich der Handgalopp im runden Korral üben. Da kann man die Geschwindigkeit des Pferdes leicht unter Kontrolle halten, ohne viel mit den Zügeln machen zu müssen.
Es gibt mehrere Möglichkeiten, dem Pferd das Galoppieren auf der einen oder anderen Hand beizubringen.
Die erfolgreichste Methode ist diese:
Bei beidhändiger Zügelführung im Schritt linksherum am Zaun entlang gehen. Einleitend also zum Linksgalopp!
Sie machen das Pferd aufmerksam mit Schenkeldruck, stellen den Pferdekopf leicht nach rechts zum Zaun, treiben verstärkt mit dem rechten Schenkel das Pferd nach vorn. Vielleicht müssen wir den äußeren Schenkel (rechts) auch stärker einsetzen, aber rechnen Sie damit, daß das Pferd gleich losspringt!
Junge Pferde fallen erst in den Trab, anstatt sofort in den Galopp. Haben Sie dem Pferd das Kommando ,,Galopp" beigebracht (beim Longieren), dann geben Sie das Kommando auch oben vom Pferd aus und treiben gleichzeitig mit dem äußeren Schenkel das Pferd an.
Galoppiert das Pferd auf der richtigen Hand an, lassen Sie es eine Weile galoppieren, springt es aber falsch an, parieren Sie sofort zum

Trab durch und galoppieren erneut an. Diese sofortige Korrektur ist sehr wichtig, da es sonst nie lernt, richtig anzuspringen.
Haben Sie ein junges Pferd, das schon von Anfang an den richtigen Fuß wählt, bringt Sie das ein ganzes Stück weiter.
Beim Rechtsgalopp stellen Sie das Pferd leicht nach links, nehmen den linken Zügel etwas an, treiben mit dem linken Schenkel das Pferd vorwärts.

Foto 71 a: Trainieren wir das Pferd im Linksgalopp, stellen wir den Kopf des Pferdes leicht nach rechts, zum Zaun hin. Der rechte Schenkel treibt.

Wahrscheinlich wundern Sie sich darüber, warum Sie mit dem äußeren Schenkel treiben sollen (als Galopphilfe).
Warum?
Weil das Pferd immer dem Druck ausweicht, in diesem Falle nach rechts-vorwärts (Diagonale Hilfengebung). Es nimmt automatisch das rechte Bein vor und galoppiert rechts an.
Geben Sie die Galopphilfe zum Linksgalopp:

Foto 71b: Im Rechtsgalopp nehmen wir den Kopf des Pferdes nach links, linker Schenkel treibt.

drücken Sie den rechten Schenkel vermehrt ans Pferd, vergessen Sie dabei nie die nachgebende Zügelhilfe, in diesem Falle links, damit das Pferd den Galoppsprung ungestört herauslassen kann.
Das Pferd beginnt jetzt mit dem linken Fuß, Linksgalopp.
Da Sie den Kopf etwas in Richtung Zaun stellen, hilft es dem Pferd als Begrenzung, und es galoppiert zur Bahnmitte hin an.
Bei jungen Pferden, die noch nicht viel galoppiert sind, lassen Sie erst immer aus dem Trab angaloppieren. Das fällt ihnen leichter.
Hat das Pferd die Galopphilfe verstanden, dann galoppieren Sie aus dem Schritt an.
Lehnt das Pferd es fortwährend ab, auf dem richtigen Fuß anzugaloppieren, stellen Sie es im spitzen Winkel zum Zaun (Foto 72a + b).
Aus diesem Winkel heraus galoppiert das Pferd normalerweise richtig an, vorausgesetzt, Sie geben die richtigen und korrekten Hilfen.
Natürlich ist es, beim Galopp in den Bügeln zu stehen und mitzuschwingen.

Foto 72: Weigert sich das Pferd, auf dem richtigen Fuß anzugaloppieren, dann stellen Sie es im spitzen Winkel zum Zaun hin. Das hilft dem Pferd, auf dem richtigen Fuß anzugaloppieren.

Wir haben aber festgestellt, daß gerade junge Pferde leichter in den Galopp zu bringen sind, wenn der Reiter im Sattel bleibt, aussitzt und von dort aus treibt.
Das Reitergewicht befindet sich dann auf einem Punkt, und das Pferd kann das Gewicht besser kalkulieren.
Steht man in den Bügeln und schwingt vor und zurück, dann verunsichert man das junge Pferd. Es hat gerade genug damit zu tun, das Reitergewicht zu tragen.
Sitzen Sie das Pferd „aus", können Sie nach englischer Manier das Pferd mit Gesäß und aus dem Kreuz heraus treiben.
Fällt das Pferd nur unwillig oder schwer in den Galopp, nehmen Sie die Gerte als verlängerten Schenkel zur Hilfe. Die Gerte unterstützt den treibenden Schenkel. Sie wird aber nie mehr und länger eingesetzt als nötig.
Nachher verfeinern Sie die Hilfengebung. Der Kopf wird nicht mehr zur Bande gestellt (im englischen Reitstil sogar nach innen, so daß man das innere Pferdeauge schimmern sieht), halten die Zügel in ei-

Der Reiter drückt die Hinterhand vom Zaun weg, gleichzeitig galoppiert das Pferd, dem Druck ausweichend, richtig an.
Linkes Foto: Linksgalopp. Rechtes Foto: Rechtsgalopp.

ner Hand, die Schenkelhilfe wird für die Zuschauer unsichtbar gegeben.
Auch beim Turnier, egal ob Western oder Englisch, sieht man oft noch das Pferd zum Zaun gestellt, wenn Angaloppieren angesagt ist. Das sieht nicht gut aus.
Die Hilfen müssen für Zuschauer und Richter unsichtbar sein!

Zur Beachtung:
Nehmen Sie den Kopf des Pferdes beim Angaloppieren *immer* zur Seite, dann kann es sein, daß es sich eines Tages den „Krebsgang“ angewöhnt. Es galoppiert seitwärts-vorwärts.
Solche Pferde werden beim Turnier disqualifiziert.
Also, sobald Ihr Pferd korrekt angaloppiert, stellen Sie das Pferd gerade. Die bisherige Außenstellung sollte nur eine Gedankenstütze für das Pferd sein.
Es gibt Reiter, die ihrem Pferd die Galopphilfe an der Schulter geben, wenn also der Reiter links angaloppieren will, setzt er den Sporen an der linken Schulter ein. Diese Methode ist unmöglich.

Korrekter Galopp auf dem Turnier muß sein. Hier reitet Mona Betts das Pferd „Censored“.

Es sieht erstens nicht gut aus und hat absolut keinen Effekt.
Außerdem, wenn der Richter beim Turnier so etwas sieht, daß der Absatz oder der Sporen *vor* dem Sattelgurt eingesetzt werden, bedeutet das: Disqualifikation.
Beim späteren Galoppwechsel kann man mit so einer Methode überhaupt nichts anfangen.
Wir haben viel von der Bande oder dem Zaun gesprochen, an dem wir das Pferd entlangführen. Das ist nur fürs Grundtraining gedacht. Draußen im Gelände gibt es keine Bande, in der Mitte des Turnierplatzes auch nicht, daher sollten wir in unserer Hilfengebung sicher und korrekt werden.

Foto 74: Kennt das Pferd die Galopphilfen, dann galoppieren Sie geradegerichtet an, nicht mehr mit dem Pferdekopf zum Zaun. Die Schenkelhilfen werden für Richter und Zuschauer unsichtbar gegeben.

Fliegender Galoppwechsel

Lassen Sie uns kurz in Erinnerung bringen, was das Pferd bisher gelernt hat:
Zuerst die Beine. Das Pferd weiß: beim Linksgalopp hat es den linken Fuß weiter vorzusetzen, beim Rechtsgalopp den rechten Fuß, anzugaloppieren auf der richtigen Hand.
Viereck verkleinern/vergrößern:
Das Pferd tritt seitwärts/vorwärts, biegt den Körper, respektiert den Schenkel und leichten Zügeldruck.
Das fördert auch den richtigen Galopp.
Zum Beispiel:
Sie galoppieren auf der linken Hand und geben dem Pferd die Hilfen zum Viereck verkleinern/vergrößern im Galopp. Das Pferd hat gelernt, mit gebogenem Körper diagonal nach links zu treten. Es muß vorn wie hinten im Linksgalopp gehen.

Foto 75: Praktischer Galoppwechsel um Bäume und Büsche bewahren das Pferd davor, den Galoppwechsel vorauszuahnen und geben ihm einen Grund, den Wechsel einzusehen.
Bei der Kälberarbeit galoppiert das Pferd normalerweise auf dem richtigen Fuß, der ihm am bequemsten ist und wechselt den Galopp selbst, wenn es nötig ist.

Außerdem hat es gelernt, mit gleichbleibendem Tempo auf dem Zirkel zu gehen.
Der Grundstock zum fliegenden Wechsel ist gegeben.
Beim fliegenden Galoppwechsel arbeiten Sie mit der gleichen Methode wie beim Viereck verkleinern/vergrößern (Two-Track).
Sie bringen das Pferd in einen aufmerksamen Galopp, schön versammelt.
Das Pferd ist nicht fähig, fliegend zu wechseln, wenn es schläft oder die Hinterbeine nachschleift.
Wieder gehören beide Hände an den Zügel.
Nehmen wir an, Sie galoppieren auf der linken Hand. Der ideale Moment zu wechseln (Sie fühlen es aus dem Sitz heraus) ist gegeben, wenn sich das rechte Bein in der Vorwärtsbewegung befindet. Alle vier Beine sind dann in der richtigen Position, sich zu strecken, und das ist die Basis für den Wechsel!
In dem Moment, wo Sie fühlen, die rechten Beine kommen nach vorn, geben Sie die gleichen Hilfen wie fürs Two-Track, also fürs Diagonal-Treten.
Sie galoppieren also auf der linken Hand und wollen nach rechts wechseln:
In dem Moment, in dem sich das rechte Bein vorstreckt, stellen Sie das Pferd nach links, linker Schenkel ans Pferd, Reitergewicht nach links verlegen.
Das Pferd springt um und galoppiert auf der rechten Hand weiter.
Normalerweise springt das Pferd aus dem Reflex heraus vorn und hinten gleichzeitig um.
Durch das vorhergehende Training, Seitwärtsgalopp in korrekter Biegung, hat das Pferd gelernt, alle Beine gleichzeitig zu setzen.
Es hat gelernt, ruhig und ohne Tempoverschärfung auf dem Zirkel zu galoppieren. Daher wechselt es auch ruhig im Galopp.
Fliegender Wechsel nach links:
Linkes Bein kommt vor, Kopf nach rechts stellen, rechter Schenkel drückt, Reitergewicht wird nach rechts verlagert. Das Pferd springt in den Linksgalopp um.
Es versucht den Wechsel nahezu perfekt, wenn es die vorhergehenden Lektionen gut gelernt hat.
Nahezu heißt: Es springt vorn um, hinten nicht (Kreuzgalopp). Dann hat das Pferd mit einem Beinpaar gewechselt, mit dem anderen nicht. Reiterlich sind Sie jetzt so weit, es zu merken. Es sitzt sich schlecht und hart.
Wechselt das Pferd hinten nicht, nehmen Sie den Kopf des Pferdes

Foto 76: Mona Betts mit Chubby Sugar beim Galopp auf der linken Hand.

seitwärts und geben erneut die Schenkelhilfe. Sollte es immer noch nicht klappen, parieren Sie durch zum Trab und galoppieren neu an (einfacher Galoppwechsel).
Lassen Sie Ihr Pferd nicht auf Peitschen- oder Sporenhilfe umspringen. Das Pferd wird unruhig und legt im Tempe zu. Es wird dann immer, sobald Sie die Hilfe zum Wechseln geben, im Tempo zulegen, da es sich der Gerte oder Sporen erinnert.
Sollte das Pferd konstant hinten nicht wechseln, dann ist es in den Seitengängen nicht genug trainiert worden. Die Hinterhand zieht nach, anstatt frei unterzutreten. Vergesen Sie dann den fliegenden Wechsel für eine Weile und üben den Two-Track. Im Trab, im Galopp, bis er perfekt sitzt, und zwar beide Richtungen.
Das Ganze kann mehrere Wochen beanspruchen.
Nach dieser intensiven Arbeit sollte das Pferd einen guten fliegenden Wechsel leisten können.

Foto 77: Mona reitet links herum, weit genug vom Zaun weg, damit das Pferd genug Platz für einen ruhigen Galoppwechsel hat.

Sollte es immer noch nicht klappen, holen Sie sich einen Trainer oder anderen Reiter zur Unterstützung, um mit Ihnen gemeinsam zu arbeiten.
Er kann dann erkennen, was Sie falsch machen, ob das Pferd wechselt oder nicht, wenn Sie sich selbst nicht sicher sind.
Wenn Sie mit den fliegenden Wechseln beginnen, übertreiben Sie das bitte nicht. Ein guter Wechsel in beide Richtungen ist pro Tag genug, vor allem für ein junges Pferd.
Nachher bilden Sie das Pferd dahingehend aus, daß es drei oder vier Galoppwechsel pro Tag macht.
Übertreiben Sie das Training, wie auch bei allen anderen Übungen, wird das Pferd müde, verstockt, sauer und voller unkontrollierbarer Vorausahnung.
Der Reiter muß auch dafür empfänglich sein, ob sein Pferd einen Tag gute, den anderen Tag keine guten Wechsel macht. Das Pferd

könnte müde sein, oder es hat einen schlechten Tag. Wie wir Menschen auch!
Wenn der Reiter oder Trainer das mißachtet und das Pferd zwingt, gute Wechsel zu machen, wird das Pferd müde und macht noch mehr Fehler. Dann reiten Sie das Problem erst hinein.
Sie üben dann etwas anderes oder lassen es einen Tag in Ruhe.

Foto 78: Wenn Mona zum Zaun zurückreitet, gibt sie das Signal zum fliegenden Wechsel nach rechts. Das Pferd springt mit der Hinterhand zuerst um, der ideale Galoppwechsel. Das Pferd steht in der Balance, ist versammelt und bereit, jedes Kommando des Reiters zu befolgen. Mona kritisiert ihren Schenkel, er ist, wie immer, zu weit vorn.

Foto 79: Nun befinden sich beide am Zaun im Rechtsgalopp. Diese Art des Wechselns wird auf vielen Turnieren gefordert. Es ist ein gutes Training, das Pferd sieht den Galoppwechsel ein. Zu oft sollte man den Galoppwechsel aber nicht üben, das Pferd ahnt ihn dann im voraus und wird unaufmerksam.

Einige Reiter wundern sich sicher, warum man mit neck-reining dem Pferd den Galoppwechsel nicht beibringen kann.
Erinnern Sie sich, daß die Zügelhand die Vorhand des Pferdes kontrolliert, wie die Schenkel die Hinterhand kontrollieren.
Beim neck-reining wird also nur die Vorhand umspringen. Dann existiert da noch die Theorie: Wenn man neck-reining im schnellen, scharfen Tempo reitet, unterstützt das den Galoppwechsel beim Pferd. Es springt die Vorhand um, die Hinterhand nicht.
Warum ist das so?
Nimmt man die Vorhand scharf zu einer Seite herum, schwingt die Hinterhand zur anderen Seite aus, um die Balance zu halten. Die Hinterhand steht in der Gegenbewegung, da kann dann nachher auf gerader Linie kein Wechsel mehr zustande kommen.

Foto 80a

Foto 80b

Foto 80c

Fotos: 80a, b+c: Hier sehen wir ein „auseinandergefallenes", ein „versammeltes" und ein mit Tempo galoppierendes Pferd. Beim versammelten und beim starken Tempo sind die Hinterbeine gut unter dem Pferd, ideal für den fliegenden Wechsel, Roll-Back und Stop ...

Foto 80d: Hier fängt die Kamera Chubbys „Hinterhand-zuerst-Wechsel" ein. Galoppwechsel von rechts nach links. Auf gerader Linie!

Foto 81: Die Basisübung für den fliegenden Galoppwechsel: Das Pferd muß ruhig in gleichmäßigem Tempo auf dem Zirkel gehen. Diese Stute, geritten von Lee van Nostern, galoppiert versammelt und korrekt nach innen gebogen auf dem Zirkel.

Ideal ist: Erst den Fuß wechseln, dann die Richtung!
Sie reiten also die 8 mit einer geraden Linie in der Verbindung der Mitte der Bahn und machen auf der Geraden den fliegenden Galoppwechsel (Skizze 83).

Bild 83:
Es gibt zwei Möglichkeiten, die 8 zu reiten. Die Richter bevorzugen die untere Figur der untereinanderliegenden 8en. Der Galoppwechsel soll auf der geraden Verbindungslinie stattfinden.

Das ist der Grund, warum das Pferd auf das Reitersignal achten soll und nicht einfach beim Richtungswechsel umspringen darf.
Haben Sie das dem Pferd beigebracht, dann springt das Pferd wann und wo Sie wollen um, und das bei jedem Tempo.
Gerade das junge Pferd wird auf gerader Strecke wechseln, wenn Sie das Kommando exakt geben.
Den fliegenden Wechsel beizubringen, in dem man auf den Zaun zureitet oder das Pferd scharf herumnimmt, bringt Sie spätestens dann in Schwierigkeiten, wenn der Richter auf dem Turnier einen Wechsel auf gerader Linie verlangt.
Trainieren kann man das, indem man eine gerade Linie bei der 8 einbaut (siehe Skizze).

Der Richter gibt ein oder zwei Extrapunkte, wenn der Wechsel auf der Geraden stattfindet.
Das gilt auch für die AQHA-Western-Riding-Regeln. Der Richter bevorzugt die Galoppwechsel auf der geraden Strecke zwischen den Markierungen, nicht die Wechsel, die schon hinter der Markierung gemacht werden.
Bei der 8 allerdings ahnt das Pferd den Galoppwechsel am ehesten voraus. Deshalb praktizieren wir das zu Hause so wenig wie möglich.

Es ist nicht nötig, wenn das Pferd ruhig auf dem Zirkel galoppiert und den fliegenden Wechsel macht, es noch oft zu üben.
Wenn geübt wird, zunächst mehrere verschieden große und schnelle Zirkel reiten und erst dann wechseln. Besser ist es, im Gelände zwischen Bäumen und Büschen zu üben.
Besteht keine Möglichkeit, im Gelände zu reiten, stellen Sie sich Tonnen ins Viereck, und umreiten Sie diese.
Verfeinern Sie die Hilfen, nehmen Sie wieder einhändige Zügelführung. Das Pferd reagiert jetzt auf die kleinste Schenkelhilfe. Es hat gelernt, wenn es den Schenkel fühlt, in die andere Richtung umzuspringen.

Sie dürfen nicht vergessen, immer leichten Kontakt mit dem Pferdemaul zu halten. Dadurch halten Sie das Pferd in der Versammlung. Das ist wichtig für den Wechsel auf gerader Strecke.
Sie werden herausfinden, einige Pferde sind gute Turnierpferde, andere nicht. Es gibt Pferde, die aus einem körperlichen Nachteil heraus keine fliegenden Wechsel machen können oder dieses nur mit sehr harten Reiterhilfen.
Unsere Methode wird oft dahingehend kritisiert, sie wäre zu dres-

surmäßig aufgebaut, weil das Pferd eigentlich langsam und versammelt gehen soll, statt frei und schnell. Das ist wahr.
Es ist aber die einzige Methode, den fliegenden Wechsel zu trainieren. Hat das Pferd die langsamen Wechsel begriffen, erhöht man das Tempo und die Wechsel bleiben trotzdem ruhig und korrekt.
Es läßt das Herz eines „Reining-Horseman" höher schlagen!
Daß Pferde mit Tempo die Wechsel schneller lernen, ist nur bedingt wahr. Okay, solange das Pferd die 8 geht und auf der geraden Linie wechseln kann, ist das zu akzeptieren.

Foto 82:
Diese Fotos zeigen einen Galoppwechsel auf gerader Strecke von rechts nach links. Achten Sie auf den Sitz des Reiters, während das Pferd wechselt (rechtes Foto). Die Reiterin drückt mit dem rechten Schenkel und hat das Pferd leicht nach rechts gestellt.

In der Western-Riding-Prüfung kommen die ersten Schwierigkeiten, und zwar dann, wenn die Markierungen zu dicht beieinander stehen. Das Pferd kann nicht mit Speed geritten werden und kommt also auch nicht zum Wechseln.
Darum ist es wichtig, ein Pferd ruhig und versammelt galoppieren zu lassen, zum Tempo ist es dann nur noch ein kleiner Schritt.
Dann sind Sie für jeden Galoppwechsel auf jeder Linie und in jedem Tempo bereit, egal, was der Richter wünscht.

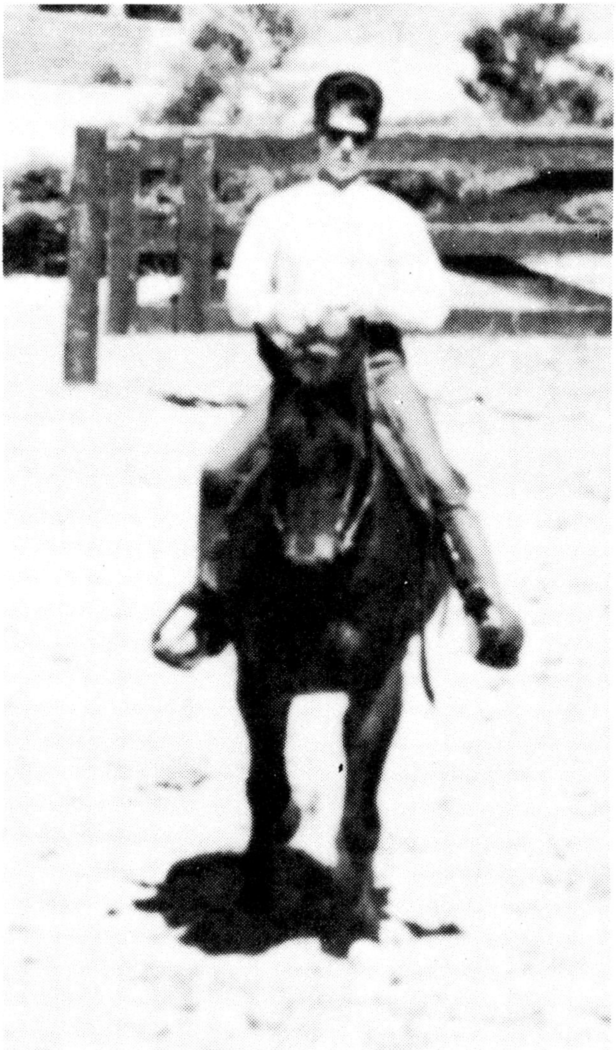

Der Stop

Ein guter Stop ist auf einem Western-Turnier unentbehrlich! Einige der folgenden Fotos zeigen sehr gute Stops, Stops für das Turnier. Achten Sie darauf, daß die Hinterhand weit untertritt und das Balance-Zentrun auch nach hinten verlegt wird.
Um einen guten Stop in guter Manier hinzulegen, muß das Pferd seine Vorhand erleichtern, den Hals leicht anheben, die Hinterhand weit unter sich lassen.

Foto 85: Wenn jemals ein Stop als perfekt bezeichnet werden kann, dann ist es dieser hier auf dem Foto. Pferd und Reiter befinden sich in ausgezeichneter Balance und in guter Gesamtposition. Das Pferd stoppt sehr gut, die Reiterin sitzt prima. Die Reiterin ist Candy Flock aus La Canada, Cal., auf ihrem Pferd „Marks Carrot", trainiert von Harold Farren aus Rowland Heights, Cal.

Den Hals hochzunehmen heißt nicht, den Kopf hochnehmen, der Kopf muß in schöner Haltung bleiben, also im Genick nachgeben.
Achten Sie darauf, daß auch bei erleichterter Vorhand die Vorderbeine wenigstens nahe am Boden sind.
Stoppt ein Pferd auf diese Art, dann ist das Pferd ausbalanciert und versammelt, es kann jeden weiteren Befehl des Reiters sofort ausführen.
Es gibt eine Menge *unkorrekter Möglichkeiten,* ein Pferd zu stoppen:
Der gröbste und meistverbreitetste Fehler ist der Stop auf der Vorhand (Foto 88).
Anstatt mit dem Gewicht nach hinten zu verbleiben, sitzt der Reiter in der Mitte oder fällt nach vorn.
Stoppt das Pferd auf diese Art, so kann es keine andere Übung im direkten Anschluß ausführen. Es muß vom Reiter erst wieder in die Versammlung gebracht werden.
Manches Pferd bringt sein Gewicht nach hinten, geht auch weit unter, aber schon so übertrieben, daß die Vorhand zu weit hochkommt. Ein sogenannter „Rückwärts-Stop" (Foto 94).
Das Pferd balanciert sich zu weit nach hinten aus und kann sich schlimmstenfalls noch überschlagen.
Außerdem kann man es auch als gesprungenen Stop bezeichnen, wenn nämlich die Voderbeine des Pferdes auf den Boden springen, schnellt der Reiter aus dem Sattel.
Ein anderer, unschöner Stop ist es, wenn das Pferd den Kopf hochreißt. Es kann die Hinterhand zwar gut unter sich haben, da der Kopf des Pferdes aber völlig aus der richtigen Haltung gekommen ist, kann das Pferd anschließend keinen Spin oder eine schnelle Wendung machen (Foto 89).
Ein aufgerissenes Maul ist ein anderer grober Fehler. Das passiert, wenn das Pferd zuviel mit den Zügeln geritten wird; oder nicht gelernt hat, das Gebiß korrekt anzunehmen.
Anstatt mit der Nase herunterzukommen, kämpft es gegen das Gebiß an. Resultat: Offenes Maul.
Es sieht nicht nur schlecht aus, es ist auch der gleiche Fehler, als wenn das Pferd nach hinten überbalanciert ist.
Wir wollen vielleicht keine Superstars werden, die einen brillanten Stop nach dem anderen hinlegen und dann alle Turniere mit „links" gewinnen.
Es gibt aber fundamentale Dinge, die jeder lernen kann, um respektable Stops auf seinem Pferd vorzustellen.

Das lehrt uns dieser Artikel.
Wichtig ist es: Ein Stop muß schön und harmonisch aussehen. Kein Gewalt-Stop.
Die Ideal-Vorstellung: Das Pferd wird mit der Hand gestoppt, nicht mit Arm und Schulter. Das setzt ein Pferd mit empfindlichem Maul voraus.
Sonst neigt man wieder zum stärkeren Ziehen, und das Maul wird von Mal zu Mal tauber.
Mit einem empfindlichen Maul können wir anfangen, den Stop zu trainieren.
Ist das Maul hart, so müssen wir es erst empfindlich machen. So, wie es zu Beginn in unserem Buch beschrieben wird.

Foto 86: Dieses Pferd befindet sich in guter Position, aber die Reiterin, Pat Close, nicht.
Während das Pferd stoppt, fliegt sie nach vorn. Die Beine sind zu weit hinten, und dadurch wird die Reiterin aus dem Sattel katapultiert. Das Pferd ist Chubby Sugar.

Foto 87: Das ist ein armseliger Stop!
Das Pferd steht hinter dem Zügel und ist steif, die Reiterin zieht zu stark am Zügel.

Beim Stop sind folgende Dinge zu beachten:

1. Die Position des Reiters im Sattel.
2. Das richtige „Stichwort" an das Pferd (halbe Parade).
3. Schenkeldruck.
4. Die richtige Berechnung und Einleitung des Stops.

Die Position des Reiters im Sattel:
Es gibt verschiedene Theorien über den richtigen Sitz des Reiters im Sattel beim Stop.
Die alte Methode: Tief sitzen, Füße nach vorn strecken, Körper zurücklehnen . . .

Foto 88: Das ist ein excellentes Beispiel eines schlechten Stops auf der Vorhand. Anstatt das Gewicht nach hinten zu verlagern und mit der Vorhand hochzukommen, liegt das ganze Gewicht auf der Vorhand.

Diese Theorie sagt, daß das Pferd die Hinterhand unterbringt, um dem Gewicht des Reiters zu widerstehen.
Diese Methode wird selten gelehrt, da ihr die sachlichen Inhalte fehlen.
Eine andere Methode: Beim Stop in den Steigbügeln stehen, um Rükken und Lende des Pferdes zu entlasten.
Diese Theorie beinhaltet, daß die Hinterhand frei ist, dadurch leichter unterkommt. Damit arbeiten viele Reiter gut.
Jetzt kommt der goldene Mittelweg:
Der Reiter „sitzt" im Sattel, in dem er einen Teil des Reitergewichts im stärkeren Schenkelschluß und einen Teil auf die Füße in den Bü-

geln verlagert. Weder nach vorn noch nach hinten sitzen, die Beine gerade herunter, genau wie in der normalen Reitposition (Foto 85).
Der Reiter sollte die für ihn am besten passende Methode wählen. In diesem Abschnitt behandeln wir die goldene Mitte. Diese Methode hat sich für die meisten Reiter als die beste herausgestellt.
Voraussetzung: Starker Oberschenkel- und Knieschluß. Einen Teil des Gewichts bringen wir in die Bügel, um das Aus-dem-Sattel-geschleudert-werden (Floating) zu vermeiden.
Wird der Reiter hochgeschleudert, kommen die Beine entweder zu weit nach hinten oder zu weit nach vorn (Foto 86). Die Beine können etwas mehr nach vorn kommen als in der normalen Reitposition; kommen sie zu weit nach vorn, sitzt man zu weit hinten und kommt aus der Balance.

Das richtige „Stichwort" oder halbe Parade:
Bevor man das Pferd stoppen läßt, gibt der talentierte Reiter dem Pferd einige halbe Paraden oder das „Stichwort". Das Pferd wird aufmerksam gemacht. Wenn dann das Kommando „Stop" oder „Whoa" kommt, ist das Pferd bereits vorgewarnt.
Es ist hart für ein Pferd, ohne jegliche Vorwarnung aus vollem Speed einen Stop zu machen.
Das Aufmerksammachen zeigt dem Pferd: Achtung, gleich kommt das Kommando „Stop".
Es kann dann mit nur wenig Zügeldruck gestoppt werden.
Im Moment ist es logisch, zu denken, daß das Pferd durch die Vorwarnung gehemmt oder blockiert wird, aber das ist nicht so.
Die Vorwarnung kommt nur Bruchteile von Sekunden vorher, das Pferd hat keine Zeit, sich zu bremsen.
Aber wenn das nicht total synchron abläuft, hat man in der Tat Schwierigkeiten, denn ein Pferd blockiert, wenn es den Stop voraus-ahnt und versucht zu stoppen, bevor der Reiter es will.
Das Aufmerksammachen des Pferdes:
Man kann ein einfaches „Whoa" geben, bevor man die Zügel annimmt, oder vorher den Schenkeldruck verstärken, aber auch für einen Bruchteil von Sekunden mit der Zügelhand den Pferdehals berühren, bevor man die Zügel annimmt.
Das machen die „Calf-Roper", die Cowboys, die mit dem Lasso die Kälber einfangen.
Und hier noch eine Bemerkung über das „Whoa" auf dem Turnier.
Die AHSA-Regeln sagen nichts über das Benutzen der Stimme aus.
Das AQHA-Regelbuch von 1970 sagt unter Reinings:

Eine unwichtige Hilfe, genauso, wie unwichtiges Sprechen des Reiters... Fehler des Reiters, kosten entsprechend Punkte, sind aber kein Grund zur Disqualifizierung.
Benutzen Sie das ,,Whoa'' im Schau-Ring, dann bitte so leise, daß nur Ihr Pferd es hört; ist es gut trainiert, dann ist es auch noch laut genug. Hört der Richter das, so kostet es Punkte.

Foto 89: Wenn das Pferd den Kopf beim Stop hochnimmt, ist das oft ein Fehler des Reiters. Entweder hält er die Zügelhand zu hoch - wie Pat das hier demonstriert - und lehnt sich zurück, anstatt korrekt zu sitzen, oder er ist mit der Zügelhand zu hart.

Foto 90: Dieser Stop ist nicht sooo schlecht, aber der Reiter befindet sich in keiner guten Position. Das Pferd ist zu steif. Es geht nicht gut am Gebiß, die Vorderbeine bokken, und das Gewicht ist nicht so tief, wie es sein sollte.
Vergleichen Sie Foto 92 mit diesem Foto, und Sie sehen, wie entspannt der Stop sein kann.

Schenkeldruck:
Manchmal muß der Reiter dem Pferd den Stop unter Verwendung von Schenkeldruck beibringen, damit es korrekt die Hinterhand untersetzt.
Hat das Pferd die Lektion gelernt, wird es immer unwichtiger, den Schenkeldruck zu verwenden.
Andererseits ist es auch richtig, daß Schenkeldruck dem Pferd bei hohen Geschwindigkeits-Stops den Stop erleichtert, er hilft, die Hinterhand mehr unterzusetzen.
Hat das Pferd von Natur aus Talent zum Stop, dann brauchen wir beim Training keinen Schenkeldruck einzusetzen.

Foto 91: Hier sehen wir einen guten Stop, Pferd und Reiter sind in einer guten Balance. Auf diesem Foto kann man auch erkennen, warum viele Pferde „Skid-Boots" brauchen. Um sich am Fesselgelenk durch den „Sliding-Stop" nicht zu verbrennen. Virginia Haley aus Ventura, Cal., mit Shirley Chex.

Egal, ob Sie mit Schenkeldruck arbeiten oder nicht, es ist auf jeden Fall ratsam, keine Sporen zu verwenden. Mit Sporen macht man eher etwas falsch als besser.

Die richtige Berechnung und Einleitung des Stops:
Da ist der Millimeterabstand zwischen gutem Pferdemaul und gutem Stop.
Dieser Millimeterabstand wird für das „Timing" genutzt, die Einleitung des richtigen, schönen Stops im richtigen Moment. Das ist das Wichtigste überhaupt.
Wenn nämlich die Beine unter dem Pferd hochkommen, wird der Stop eingeleitet.

Um das richtige Timing herauszufinden, muß man genau wissen, wann sich die Pferdebeine in der Luft befinden. Es erfordert etwas Sensibilität.

Foto 92: Pat Close und Chubby Sugar „ziehen die Bremse" in einer Reining-Class.

Man kann es im Schritt, Trab und Galopp lernen.
Konzentrieren Sie sich darauf, wo sich welches Bein gerade befindet. Einige Reiter konzentrieren sich nur auf die Hinterbeine. Sie müssen herausfinden, was das Bessere für Sie ist.
Diese einzelnen Basisfaktoren müssen Sie nun synchronisieren.
Erst muß das Pferd lernen, im Schritt zu stoppen, dann im Trab und zuletzt im Galopp.
Im Schritt brauchen Sie nicht mehr auf Ihren Sitz zu achten, auch nicht auf das Timing, deshalb konzentrieren Sie sich auf die halbe Parade, auf das Aufmerksammachen zur Einleitung des Stops.
Bringen Sie das Pferd in einen aufmerksamen, fleißigen Schritt. Nehmen wir an, Sie verwenden das Kommando „Whoa" als Einleitung, dann sagen Sie „Whoa" und nehmen sofort danach die Zügel an. Es

ist wichtig, daß das Pferd sofort steht und auch stehenbleibt, bis Sie das Kommando zum Weitergehen geben.
Ist es dem Pferd erlaubt, auch nur einen Schritt weiterzugehen, so führt das unter Umständen dahin, daß Ihr Pferd, bevor es sauber gestoppt hat, schon weitergeht.
Wenn Sie sagen „Stop", dann ist Stop!
Im Trab achten Sie auf Ihren Sitz und arbeiten mit den Schenkeln. Das Timing ist noch nicht wichtig, da das Pferd im Trab immer eins seiner Hinterbeine unter sich hat.
Betreffend Ihren Sitz können Sie aussitzen oder in den Bügeln stehen. Egal wie, aber bleiben Sie mit dem Sattel in Kontakt, wenn Sie dem Pferd das Kommando zum Stop geben.
Das Pferd muß einen flotten Trab gehen, keinen Jog!
Sind Sie für den Stop vorbereitet, sagen Sie „Whoa" und nehmen sofort synchron die Zügel an, haben Sattelkontakt mit dem Gesäß und Schenkeldruck, falls nötig.
Wenn das Pferd stoppt, lassen Sie es stehen.
Bevor wir weitergehen, erklären wir erst einmal das „Zügelannehmen" oder „Zügelzurücknehmen".
Sie müssen bei Tempo die Zügel etwas mehr annehmen, um das Pferd zu stoppen. Wie bereits schon vorher erklärt, arbeiten wir immer mit leichtem Zügelkontakt, das heißt annehmen, nachgeben, annehmen, nachgeben (to give and take).
Wenn Sie die Zügel annehmen, ist der Druck am Gebiß stärker, beim Nachgeben ist nur noch leichter Kontakt mit dem Pferdemaul. Niemals die Zügel „wegwerfen", wie manchmal gesagt wird. Und annehmen, nachgeben in einer sanften, kontinuierlichen Bewegung. Geben Sie niemals einen harten Ruck mit dem Zügel an das Pferdemaul weiter, und zwar aus zwei Gründen:

1. Das Pferd reißt das Maul auf, und es legt sich auf das Gebiß.
2. Das Pferd blockiert aus Angst vor dem Gebiß.

Aus dem Trab heraus können Sie dem Pferd die fundamentalen Dinge für den Stop beibringen, und Sie sollten Ihre Technik über einige Wochen hin perfektionieren, bevor Sie den Stop im Galopp versuchen.
Bekommt das Pferd die Hinterhand nicht genügend unter, versammeln Sie es mittels Schenkeldruck.
Beim Kommando „Stop" geben Sie mehrmals die Schenkelhilfe, das fördert das Untertreten der Hinterhand, und der Stop kommt prompter, als wenn das Pferd so lässig dahergeht.

Foto 93: Pferd und Reiter können die fundamentalen Dinge eines Stops im Trab erlernen. Dieses Pferd ist gerade dabei, den rechten Hinterfuß hinzustellen, wobei es dann die Hinterhand mehr unter sich nimmt.

Niemals stärker am Zügel ziehen, um das Problem zu lösen oder zu korrigieren!

Nebenbei bemerkt: wenn Sie vorher nie mit Schenkeldruck gearbeitet haben, trainieren Sie das mit dem Pferd vorher, bevor Sie das erstemal den Schenkeldruck beim Stop anwenden. Sie ernten sonst eine falsche Reaktion von Ihrem Pferd.

Bevor Sie mit dem Stop im Galopp anfangen, müssen Sie alles andere beherrschen, auch das Timing.

Bringen Sie das Pferd in einen aufmerksamen, versammelten Galopp. Wenn Sie für den Stop fertig sind, wenn Sie fühlen, daß die Hinterbeine unter dem Pferd sind, dann Einleitung, Zügel annehmen,

leichter Kontakt mit dem Gesäß im Sattel. (Die Hälfte des Gewichtes im Bügel, die andere Hälfte im Sattel bzw. starker Oberschenkel- und Knieschluß.) Schenkeldruck (wenn nötig), *stop!*
Vom langsamen Galopp aus sollte das Pferd sofort stehen. Halten Sie den Zügeldruck erst noch ein wenig an, bevor Sie nachgeben. Das ist nämlich der schwache Punkt vieler Reiter; das Pferd macht einen guten Stop, geht dann aber aus dem Stop heraus einfach weiter.
Wenn Sie aus hohem Tempo stoppen wollen, geben Sie dem Pferd die gleichen Hilfen, nur, Sie werden merken, wie schwer es ist, dem Pferd aus dem Speed heraus die rechtzeitigen Hilfen korrekt zu geben, da sich die Beine des Pferdes sehr schnell bewegen.

Foto 94: Das ist ein typischer „Rückwärts-Stop". Statt einer aktiv untertretenden Hinterhand sind die Hinterbeine steif und bockend. Genauso die Vorderbeine. Kommen die Vorderbeine auf dem Boden auf, stoßen sie den Reiter in den Sattel. Der Kopf ist ebenfalls zu hoch.

Das Timing ist unter Umständen nicht so wichtig, *wenn* das Pferd gelernt hat, aus dem Trab und dem Lope heraus korrekt zu stoppen.
Aber bald werden Sie merken, durch die Gewohnheit und das stärkere Timing, wie leicht auch ein Stop aus dem Speed ist. Eines Tages stoppen Sie ein- oder zweimal, und Sie fühlen plötzlich das richtige Timing heraus.
Dann üben Sie das aber nicht ununterbrochen. Das Pferd wird sonst sauer und bockig.
Es ist auch nicht nötig, daß Sie jedesmal einen eleganten Stop, so daß der Schweif den Boden berührt, hinlegen. Ein guter, ausbalancierter Stop ist ausreichend.
Wir stoppen beim Training möglichst nicht immer an der gleichen Stelle, damit das Pferd den Stop nicht vorausahnt.
Am besten ist es, wenn man verschiedene Übungen kombiniert, dann weiß das Pferd vorher nie, was als nächstes kommt.
Das hält wach und frisch.
Sehr wichtig ist die Bodenbeschaffenheit, auf der wir den Stop machen wollen.
Harter Boden ist schlecht, das Pferd kann sich verletzen... Es rutscht zu wenig und kann sich nach hinten überschlagen.
Tiefer, weicher Boden, z. B. ein frisch gepflügtes Feld, ist ebenfalls ungeeignet, das Pferd sinkt zu tief ein.
Es kann überhaupt nicht rutschen und wird sich verletzten.
Sandboden ist gut, wenn er nicht zu tief ist. Der Sand fängt das Pferd auf, wenn es hinten herunterkommt, aber er bremst es nicht ab.

VORSICHT BEIM STOP AUF GRASBODEN!!!
Grasboden ist zu glitschig, vor allem bei Nässe, das Pferd rutscht zu leicht und überschlägt sich nach hinten.
Nun zu den „Skid-Boots", und was bedeuten sie?
Das sind Schoner für die hinteren Fußgelenke. Manche Pferde verbrennen sich beim Stop nie, egal auf welchem Boden, andere sofort. Ein Pferd, das sich leicht verbrennt, ist vorsichtig und tritt bei späteren Stops nicht mehr weit genug unter. Sicherheitshalber sollte man die Skid-Boots verwenden!

Außerdem ist nicht zu vergessen:
Einige Pferde sind prädestiniert für gute Stops, andere nicht. Pferde mit sichelförmigen Fesselgelenken bekommen vom Bau her die Beine leichter unter als Pferde mit zu geraden oder nach außen gestellten Beinen.

Foto 95: Das ist Stan Glover aus Colorado Springs in der Reining-Pattern 3. Er leitet aus einem Sliding-Stop einen Spin ein.

Ein athletisches macht einen besseren Stop als ein schmächtiges Pferd, da es besser koordiniert gebaut ist.
Ein nach vorn überbautes Pferd hat immer Probleme beim Stop, da das Hauptgewicht auf der Vorhand liegt. Um das zu koordinieren, muß man die Vorhand erleichtern, indem man den Hals weiter hochnimmt und die Hinterhand durch starken Schenkeldruck weiter untersetzt.
Um den Kopf höherzunehmen, trainieren wir mit dem Western-Gebiß, dem Gebiß mit dem gebrochenen Mundstück. Damit kann das Pferd den Kopf hochnehmen, während mit der Kandare der Kopf automatisch im Genick abknickt und die Nase herunterkommt.
Knickt das Pferd beim Stop mit dem Kopf zu stark ab, nehmen wir ebenfalls eine Wassertrense.
Beim Gegenproblem, wenn das Pferd den Kopf zu hoch nimmt, ziehen Sie zu stark am Zügel oder das Gebiß ist zu scharf.
Einige Leute wählen ein schärferes Gebiß, wenn sie merken, daß das Pferd nicht korrekt stoppt. Das hilft zwar im Moment, aber nicht lange. Je mehr Zug im Gebiß ist, desto tauber wird das Maul. Das Maul wird unempfindlich gegen das Gebiß, und man muß wieder ein schärferes nehmen. So muß man dann ständig die Einwirkung steigern.
Ein Pferd macht nur aus gutem Training heraus einen guten Stop, nicht mit Gewalt!

Foto 96: Kälber sind nicht in jedermanns Training enthalten. Bietet sich aber einmal die Gelegenheit, sollte man sie unbedingt nutzen, es ist eine willkommene Abwechslung für Pferd und Reiter und lockert die sonst trockene Trainingsarbeit auf. Auf dem Foto: Stan Glover.

Wenn ein gut trainiertes Pferd keinen guten Stop macht, dann macht der Reiter etwas falsch, oder das Pferd ist müde und lustlos. Wekken Sie es mit Schenkel- oder Absatzdruck auf.
Haben Sie mit Ihrem Pferd einige gute Stops in allen Geschwindigkeiten ausprobiert, dann stellen Sie auch bald fest, aus welchem Tempo der Stop am besten aussieht.
Mit anderen Worten:
Ein Pferd stoppt bessser aus dem Speed heraus, ein anderes besser aus dem Lope.
Behalten Sie das in Erinnerung, und stellen Sie Ihr Pferd beim Turnier von der besten Seite und aus der besten Geschwindigkeit heraus vor.

Foto 97:
Virginia Haley bei der Kälberarbeit.

Hinterhand-/Vorhandwendung. 360° Drehung (Pivots + Spins)

Foto 98: Das ist ein guter und typischer Reining-Horse-Spin. Die Hinterhand steht gut unter dem Pferd, das Gewicht ist nach hinten verlagert, es steht in guter Balance.
Das Tempo des Spin ist an den fliegenden Zügeln erkennbar. Das Pferd dreht nach rechts, achten Sie auf den ,,Drehfuß'', hinten rechts, und wie sich das Pferd mit dem linken Vorderbein abstößt.

Foto 99a + b: Die Hinterhandwendung gegen den Zaun: Auf Bild a macht es das Pferd sehr gut. Auf Bild b hat es das Gewicht auf den falschen Fuß verlagert, nach hinten links und tritt daher mit dem linken Vorderbein vor das rechte Vorderbein. Es soll eigentlich den rechten Fuß weitersetzen. Der Reiter schlampt.

Gute Pivots und Spins werden in den Klassen Reining-, Stockhorse- und einigen Stockhorse-Seat-Klassen verlangt.
Die Fähigkeit des Pferdes, einen guten Pivot oder Spin vorzustellen, demonstriert die Gehorsamkeit und Durchlässigkeit des Pferdes, ungeachtet des späteren Einsatzes.
Zur Definition:
Ein Pivot ist ein „Quarter- oder Half-Turn" auf einem hinteren Bein, eine Wendung von 90° und 180°.
Der Spin ist eine komplette Drehung von 360°.

Foto 99b

Beim Training beginnen Sie mit der einfachen Hinterhandwendung. Die Vorhand geht Schritt für Schritt um die Hinterhand herum.
Der Pivot hat mehr Tempo und der Spin hohes Tempo.
Die Hinterhandwendung ist wichtig aus zwei Gründen:
1. Es lehrt den Reiter, die Hinterhand zu kontrollieren.
2. Es lehrt das Pferd, die Hinterhand auf einem Punkt zu halten, während die Vorhand herumgeht.

Diese Grundübung erleichtert dem Pferd das Herumgehen im Tempo bei den Pivots und Spins.
Die Hinterhandwendung hat noch einen praktischen Grund bei der Trail-Class, um das Pferd dort sicher durch die Hindernisse zu manövrieren.
Eine der besten Methoden, die Hinterhandwendung zu trainieren, ist diese:
Leiten Sie die Wendung gegen den Zaun ein (Foto 99a + b). Das veranlaßt das Pferd, die Hinterhand auf einem Punkt zu halten, es kann ja nicht nach vorn, und es hilft ihm, seinem Kopf zu folgen.
Man muß zum Zaun hin einen gewissen Abstand halten, damit das Pferd frei herumtreten kann.

Foto 100a + b: Foto a zeigt eine unkorrekte Einleitung zum Spin. Foto b ist korrekt. Der Reiter muß das Pferd aufmerksam machen und die Vorderhand entlasten. Die Zügel werden leicht hochgenommen, die Schenkel setzen die Hinterhand unter.

Setzen Sie sich so in den Sattel, so daß sich das Reitergewicht zum größten Teil im Sattel befindet. Das hilft dem Pferd, die Hinterhand ruhig stehenzulassen. Lehnen Sie sich aber nicht zurück.
Bringen Sie das Pferd in einen aufmerksamen, versammelten Schritt, beide Hände am Zügel, leichter Kontakt mit dem Pferdemaul. Wenn Sie zur Wendung bereit sind, geben Sie die Einleitung zum Stop („Whoa" oder Schenkeldruck), Stop, aus dem Stop in einer einzigen Bewegung in die Wendung!
Also, leichtes Annehmen der Zügel, Stop, dann mit der direkten Zügelhilfe den Kopf des Pferdes in die Wendung führen, äußeren Schenkel andrücken.

Foto 100b

Der Schenkeldruck bewahrt das Pferd davor, sich vom Zaun wegzudrehen und fördert das Tempo beim Wenden.
Vor der Wendung immer erst stoppen, das bringt die Hinterhand unter das Pferd, verlangsamt die Vorwärtsbewegung, und Sie kommen korrekt in die Wendung.
Aber, Stop und Turn müssen aus einer Bewegung kommen, niemals das Pferd aus dem totalen Stop wenden, es verliert an Schub.
Vom Schritt aus kommt das Pferd zum Halt, weil das Tempo sowieso gering ist.
Wendet das Pferd zum Zaun hin perfekt, dann üben Sie es in der Bahnmitte, ohne Anlehnung.
Versammeln Sie das Pferd, setzen Sie sich tief in den Sattel. Turn nach links:

Mit der direkten Zügelhilfe die Wendung nach links einleiten, mit dem rechten Zügel das Pferd begrenzen, damit es nicht nach vorn geht, rechten Schenkel ans Pferd (linken vorerst vom Pferd weg, damit Sie es nicht mit zwei Signalen gleichzeitig überfallen).
Hat das Pferd ein oder zwei Schritte nach links gemacht, bleiben Sie stehen und loben es.
Nach einer Minute Pause leiten Sie die Wendung nach rechts ein. Rechten Zügel etwas annehmen, linker Zügel verhält, linker Schenkel drückt das Pferd herum.
Geht das Pferd ein paar Schritte, stehenbleiben und loben.
In den ersten paar Tagen des Trainings lassen Sie das Pferd nie mehr als ein paar Schritte in jede Richtung machen. Dadurch gewinnt das Pferd Zeit, die Basis zu begreifen, und man schützt sich und das Pferd vor Fehlern.
Sie üben die Wendung erst langsam, das Pferd kann die Bewegungsmomente kontrollieren, die Hinterhand unter sich behalten. Später macht es dann saubere Pivots von 90°.
Hat das Pferd die Basis-Schritte im Kopf, dann können Sie ein paar mehr Schritte machen, bis vielleicht sogar zur 180°-Wendung in beiden Richtungen.
Ein Trick kann dem Reiter noch behilflich sein, wenn er nämlich seinen Kopf mit in die Bewegungsrichtung des Pferdes dreht. Das hält den Reiter in der Balance mit den Bewegungsrhythmen des Pferdes. Zu Beginn ist das noch nicht sehr wichtig, später aber, bei den Pivots und Spins, muß es ihm zur zweiten Natur geworden sein.
Beim Training der Hinterhandwendung werden Probleme auftauchen:

1. *Das Pferd will nach vorn.* Um das zu verhindern, stellen Sie den äußeren Zügel „fest". Sie begrenzen die Bewegungsrichtung nach vorn und zur anderen Seite.
2. *Es versucht, eine 90°-Wendung zu machen, die Hinterhand schwingt heraus, das Pferd bewegt sich auf dem Zirkel.* Das passiert, wenn man die direkte Zügelhilfe in der Wendung zu stark betont und der äußere Schenkel das Pferd nicht genug seitwärts drückt.

Nimmt man den Pferdekopf zu weit nach innen, schwingt die Hinterhand aus, um dem Pferd eine bessere Balance zu geben.
Sie werden auch merken, daß das Pferd die Übung auf der einen Seite besser kann als auf der anderen.
Wir wissen ja bereits, daß ein Pferd eine gute und eine schlechte

Seite hat. Arbeiten Sie kontinuierlich weiter, und bald ist das Pferd so weit gymnastiziert, daß beide Wendungen perfekt funktionieren.
Nachdem das Pferd die Hinterhandwendung beherrscht, trainieren Sie den Pivot, eine Hinterhandwendung mit mehr Tempo.
Wir gehen vorher theoretisch durch, was das Pferd beim Pivot und dem Spin mit den Beinen macht:
Die Hinterbeine tragen das Gewicht und halten die Balance. Ein Hinterbein ist der Drehpunkt, eins geht herum. Im Pivot oder Spin nach rechts ist das rechte Hinterbein der Drehpunkt, nach links das linke Hinterbein.
Beim korrekten Spin hebt sich das „Pivotbein oder der Pivotfuß" nur sehr wenig vom Boden ab, dreht also nur. Das andere Hinterbein hebt sich auch nur ganz eben vom Boden ab.
Mit den Hinterbeinen den Widerstand haltend, läuft das Pferd mit der Vorhand herum.
Nach rechts führt das rechte Vorderbein, nach links das linke. Das jeweilige andere Bein zieht nach.
Nun wissen Sie auch, warum es wichtig ist, die Vorhand anzuheben, damit sich das Pferd bei der Hinterhandwendung vorn frei und ohne Gewichtslast bewegen kann.
Anheben der Vorderbeine heißt nicht, es steigen zu lassen!
Dadurch, daß das Gewicht, die Last des Pferdes, auf der untergeschobenen Hinterhand liegt, kommt die Vorhand automatisch hoch, sie hat kein Gewicht mehr zu tragen.
Das Pferd muß daher stark versammelt und aufmerksam erhalten werden.
Der Zügelkontakt mit dem Maul sollte leicht und nachgiebig sein.
Der Pivot nach rechts wird Ihnen und Ihrem Pferd leichtfallen, wenn Sie die Hilfen dafür beherrschen.
Bringen Sie das Pferd, wie schon eingehend besprochen, in die Hinterhandwendung, und erhöhen Sie das Tempo mittels Schenkel- oder Absatzdruck. Nehmen Sie gleichzeitig die Vorhand etwas höher, indem Sie die Zügel leicht anheben, führen Sie die Zügel dabei gleichzeitig nach rechts.
Nehmen Sie die Zügel aber nicht zu stark hoch, sonst reißt das Pferd den Kopf hoch oder stößt ihn nach unten.
Bei empfindlichem Maul ist die Korrektur der Zügel nach oben minimal. Die Hilfen sollten ja letztlich nie zu sehen sein. Auch das Richtungangeben der Zügel darf nur ganz leicht erfolgen, nur andeutungsweise. Nicht den Zügel zu stark in die jeweilige Richtung nehmen (Foto 100 bis 102).

Foto 101a

Foto 101 a, b, c: Hier sehen Sie die Entwicklung von der simplen Hinterhandwendung (a) zum Pivot mit mehr Tempo, hochgenommenen Zügeln und vermehrtem Schenkeldruck (b) bis hin zum schönen Spin mit einhändiger Zügelführung (c).
Achten Sie auf den Sitz des Reiters: Tiefer Sitz, nicht zurückgelehnt mit leichter Zügelhand.

Foto 101c

Foto 102 a + b: Ein Spin nach rechts: Beachten Sie, wie das Pferd mit dem rechten Bein führt, während das linke Vorderbein stützt und schiebt.
Auf dem Foto b hat der linke Vorderfuß den rechten Vorderfuß erreicht und der ist fertig zum Anheben und Weitertreten. Achten Sie auf die leichte Zügelführung. Der linke Schenkel des Reiters ist aktiv, nicht die Zügelhand.

Foto 102b

Der Pivot nach links mit den entgegengesetzten Hilfen:
Rechts mit dem Schenkel stärker durchkommen, Zügel nach links. Je stärker der Schenkel durchkommt, desto höher wird das Tempo in der Wendung.
Hat das Pferd begriffen, worauf es ankommt, dann sollten Sie herausfühlen, wann das Pferd mit welchem Bein (vorn) abfußt, das ist der erste Weg zum Pivot aus dem Stand.

Für den Spin müssen Sie noch stärker mit dem Schenkel drücken. Immer daran denken, das Pferd muß aufmerksam und versammelt sein, im Halbschlaf kann das Pferd keinen Spin machen!
Um dem Pferd klarzumachen, daß beim Spin mehr Tempo erforderlich ist, schnalzen Sie parallel zu unseren Hilfen mit der Zunge. Das Pferd lernt ganz schnell: Schnalzen heißt mehr Tempo.
Wir sollten uns noch zwei sehr verbreitete Fehler ansehen:

1. Fehler: Das Pferd kommt vorn zu hoch und arbeitet dann zu viel mit der Hinterhand. Das passiert, wenn der Reiter die Zügelhand zu hoch nimmt oder zieht und reißt oder riegelt.
2. Fehler: Die Hinterhand kommt nicht genug unter, sie schwingt aus. Das Pferd hat im langsamen Tempo nicht genug trainiert und nicht gelernt, die Hinterhand unterzusetzen, oder der Reiter arbeitet nicht mit genügend Schenkeldruck, um die Hinterhand an ihrem Platz zu halten.

Das Pferd kann später auf dem Turnier nicht fehlerfrei arbeiten, wenn der Trainer zu schnell in der Ausbildung des Pferdes vorangeht.
Das Pferd braucht kurze Trainingsabschnitte, um zu lernen. Durch die vielen Teilphasen dauert das Training länger.
Eine andere Methode, dem Pferd den Spin beizubringen, die allerdings nicht ganz so präzise ist:
Pieken Sie das Pferd an der Schulter mit dem Sporn. Diese Trainingsmethode birgt zwei Gefahren in sich:

1. Mit dem Absatz an der Pferdeschulter haben Sie keine Kontrolle über die Hinterhand Ihres Pferdes.
2. Das größte Handikap: Sie dürfen die Methode bei keinem Turnier und keiner Vorstellung anwenden. Die Regeln erlauben keine Sporenbenutzung vor dem Sattelgurt.

Befinden Sie sich also im Turnierviereck und Ihr Pferd macht ohne diese Sporenhilfe keinen Spin, dann sind Sie hilflos.
Haben Sie Ihr Pferd zum Gehorsam erzogen, dann brauchen Sie nur den Schenkel stärker anzudrücken, und Ihr Pferd macht einen einwandfreien Spin!

Beides, Pivot und Spin, brauchen eine gewisse Trainingszeit, damit sie später auf dem Turnier gut aussehen.

Foto 103: Sheila Varian aus Arroyo Grande, Cal., trainiert einen jungen Araberwallach in der Wendung mit gut untergesetzter Hinterhand. Achten Sie auf die außergewöhnlich leichte Zügelhand.

Vorhandwendung

Bei dieser Übung geht die Hinterhand um die Vorhand herum.
Auch diese Übung hat einen praktischen Sinn.
Sie beweist dem Reiter die Kontrolle über sein Pferd, und außerdem ist die Vorhandwendung wichtig für die Bewältigung einiger Trailparcours-Hindernisse.
Manchen irritiert es, wenn man von der Vorhandwendung spricht, da die Vorhand ja nicht dreht.
Daher muß betont werden:
Es ist keine Wendung *von* der Vorhand,
sondern eine Wendung *auf* der Vorhand!
Die Hinterhand bewegt sich, die Vorhand bleibt stehen. Die Vor-

Foto 104: Einige Trailhorse-Classes sind so ausgeschrieben, daß das Pferd, mit einem Fuß im Reifen stehend, eine Vorhandwendung machen soll. Hier eine Vorhandwendung nach links, das Pivotbein ist der rechte Vorderfuß (im Reifen).

hand bleibt auf einem Drehpunkt, genauso wie die Hinterhand beim Pivot.
Ein Vorderbein ist der Dreh-Fuß, das Pivot-Bein.
Der Pivot-Fuß wird manchmal etwas angehoben, aber auf der gleichen Stelle wieder aufgesetzt.
Bei der Vorhandwendung nach links bewegt sich die Hinterhand von rechts nach links, das rechte Vorderbein ist der Drehpunkt.
Bei der Vorhandwendung nach rechts geht die Hinterhand von links nach rechts, und das linke Bein ist das Pivotbein.
Dem Pferd diese Übung beizubringen, heißt:
Der Reiter hält den Kopf des Pferdes mittels der Zügel in der Geradeaus-Richtung und drückt mit dem Schenkel das Pferd in der Hinterhand herum.

Zum Beispiel nach links:
Machen Sie Ihr Pferd aufmerksam, versammeln Sie es so, daß das Pivotbein auf der richtigen Stelle steht. Nehmen Sie den Pferdekopf nur ganz leicht nach rechts, das hilft dem Pferd, seinen Schwerpunkt auf den richtigen Fuß zu verlegen, also auf das rechte Vorderbein, den Drehpunkt.
Auch das eigene Reitergewicht sollten Sie ganz leicht auf die rechte Seite verlegen.
Halten Sie den Kopf des Pferdes mit den Zügeln in dieser Position, und geben Sie dicht hinter dem Sattelgurt mit dem rechten Schenkel den Druck, das Pferd geht mit der Hinterhand nach links hinüber.
Hat das Pferd zwei oder drei Schritte getan, anhalten und loben.
Dann machen Sie die Vorhandwendung nach rechts:
Nehmen Sie den Pferdekopf ganz leicht nach links, legen Sie das Reitergewicht ebenfalls auf den linken Vorderfuß (Pivotbein-Drehpunkt), halten Sie den Pferdekopf in dieser Position und geben mit dem linken Schenkel die Hilfe dicht hinter dem Sattelgurt.
Hat das Pferd mit der Hinterhand ein oder zwei Schritte getan, halten Sie an und loben es.
Es ist sehr wichtig, daß das Pferd nach den paar Schritten angehalten wird. Bei weiteren Schritten würde es Fehler machen.
Gehen Sie langsam voran, bis das Pferd verstanden hat, was Sie von ihm wollen.
Beim ersten Mal wird das Pferd wahrscheinlich seitwärts gehen, je nachdem, von wo der Schenkeldruck kommt.
Um das zu verhindern, geben Sie bei der Vorhandwendung nach rechts mit dem rechten Schenkel eine Parade, um das Gewicht des

Pferdes wieder auf das linke Vorderbein zu bringen. Gleichzeitig setzen Sie den linken Schenkel ein, um die Vorhandwendung nach rechts zu vollenden.
Sie werden schnell erkennen, daß Zügel- und Schenkelhilfe zusammen, also synchron, gegeben werden müssen.
Es kann auch passieren, daß das Pferd nach vorn geht, anstatt die Hinterhand herumzunehmen.
Das verhindert man, indem man den Pferdekopf verstärkt in Richtung Pivotbein stellt.
Ein durchhängender Zügel kann auch die Ursache sein, dann bitte dementsprechend etwas annehmen. Später macht das Pferd eine 360°-Drehung auf der Vorhand, zwar niemals mit Tempo, aber mit einhändiger Zügelführung.

Foto 105: Das Seitwärtstreten über die Stangen des „L" im Trailparcours ist eine Disziplin, um die Manövrierfähigkeit des Pferdes zu bewerten. Beim Erreichen des Knicks im L muß das Pferd eine Vorhandwendung machen, auf diesem Foto nach rechts.

zu Foto 105

Bemerkung der Autoren:
Bei der Richtungsbeschreibung der Vorhandwendung haben wir als Anhaltspunkt die Richtung der Bewegung der Hinterhand vorausgesetzt, das ist allgemein leichter verständlich.
Wir bitten aber um Beachtung, daß bei manchen Dressurausschreibungen als Richtungsangabe die Richtung des Pferdekopfes angenommen wird. Bei der Vorhandwendung nach rechts geht der Pferdekopf nach rechts, die Hinterhand nach links. Bei der Vorhandwendung nach links geht der Pferdekopf nach links, die Hinterhand nach rechts.

106a, b, c, d: a: Auf dieser Fotoserie verfolgen wir die Vorhandwendung nach links. Der Reiter hat den Kopf des Pferdes leicht nach rechts gestellt, das Reitergewicht ebenfalls nach rechts verlagert, auf den rechten Vorderfuß.

106b: Während die Vorhand auf einem Punkt bleibt, geht die Hinterhand herum.

106c: Aus diesem Sichtwinkel können wir erkennen, daß der Kopf des Pferdes leicht nach rechts gestellt ist. Gleichzeitig befindet sich dort auch das Reitergewicht. Man kann erkennen, wie die Reiterin das Pferd mit dem rechten Schenkel treibt.

106 d: Nachdem das Pferd eine 360°-Drehung gemacht hat, stehen die Vorderbeine wieder in der Ausgangsstellung.

Hinterhandwendung, gesprungen

Roll-Back heißt:
Ein Pferd galoppiert geradeaus, stoppt, Hinterhandwendung aus dem Stop und galoppiert in die entgegengesetzte Richtung weiter.
Diese Disziplin wird in einigen Reining-Classes gefordert, aber der Richter kann ein Roll-Back auch in der Equitations-Class, wenn individuelle Reitweise (Einzelprüfung) angesagt ist, verlangen.
Beim Cutting (Kälber von der Herde trennen), überhaupt bei der Rinderarbeit, müssen die Pferde das Roll-Back beherrschen. Dieser praktische Grund ist in die Trainingsarbeit des Reining- und des Stock-Horses übernommen worden.
Am guten Roll-Back kann man die Geschicklichkeit von Pferd und Reiter erkennen. Darum wird er auch in der Equitations-Class gefordert (Stock-Seat-Equitation).
Rolling-Back auf der Hinterhand ist ein Akt in 3 Teilen:

Foto 107: Bei den Reining-Klassen sind Roll-Backs sehr wichtig. Hier, auf dem Foto, ein Roll-Back nach rechts. Man sieht genau, wie sich das Pferd, unterstützt durch das rechte Vorderbein, herumführt, während das linke Bein die Kraft des Abstoßens, des Schubes übernimmt. Beachten Sie auch die Position des Reiters. Nur der Kopf geht in die Richtung, in die beide wollen, der Körper bleibt in der Bewegungsrichtung des Pferdes. Der Reiter sitzt gerade und in guter Balance mit dem Pferd.

Das Pferd muß den Stop sehr gut beherrschen, so daß die Vorwärtsbewegung nur verlangsamt wird und die Hinterbeine gut untertreten; das Pferd kommt nicht zu einem „totalen" Stop.
Das Pferd macht das Roll-Back auf der Hinterhand wie bei der 180°-Wendung (Spin). Das Pferd springt daraus sofort in den Galopp.
Diese Phasen sind auf dem Foto 108 a, b, c und d gut zu erkennen.
Der Roll-Back ist im Training genauso wie der Spin.
Sie arbeiten zu Beginn wieder mit beidhändiger Zügelführung, um den Kopf des Pferdes in der richtigen Position zu halten.
Die ersten Übungen sollten im langsamen Galopp stattfinden, bis bei Ihnen und Ihrem Pferd die fundamentalen Dinge einheitlich gelernt sind.
Sehr wichtig ist, daß das Pferd sich im richtigen Galopp befindet, also auf der richtigen Hand, wenn Sie ein Roll-Back einleiten wollen.

Aus zwei Gründen:

1. Um den Roll-Back perfekt ausführen zu können.
2. Um nachher auf dem richtigen Fuß weiter galoppieren zu können.

Roll-Back nach links:
Wie beim Spin: Das linke Vorderbein führt in die Richtung, das rechte Vorderbein gibt den nötigen Schub.
Also Linksgalopp!
Roll-Back nach rechts:
Das Pferd geht mit dem rechten Bein vor, das linke Vorderbein schiebt.
Rechtsgalopp!
Das Pferd beginnt also im Rechtsgalopp und kommt nach dem Roll-Back in den Linksgalopp und umgekehrt (Foto 108 + 109).
Das Pferd kann auch aus dem falschen Galopp einen Roll-Back machen, aber das sieht nicht so gut aus.
Kommt das Pferd aus dem falschen oder nach dem Spin in den falschen Galopp, wurde das Pferd vermutlich zu weit herumgeleitet und springt falsch an.
Für den guten Roll-Back arbeiten Sie wieder mit Schenkel und Zügeldruck.
Beim Roll-Back nach links nehmen Sie den Pferdekopf leicht nach links mit dem linken Zügel, den rechten Zügel legen Sie an den Pferdehals. Gleichzeitig drücken Sie mit dem rechten Schenkel das Pferd nach links.
Es ist die gleiche Methode wie beim Pivot oder Spin.

108a, b, c, d: Diese Fotoserie zeigt ein Roll-Back nach rechts. Die Bilder sind keine Phasen-Fotos, zeigen aber den Bewegungsablauf deutlich.

108a: Das Pferd galoppiert an der Markierung auf der linken Hand vorbei, genau richtig für den Roll-Back nach rechts.

108b: Die Vorwärtsbewegung des Pferdes wird durch den Stop verlangsamt, die Hinterhand muß unterkommen.

108c: Bevor das Pferd zum totalen Stop kommt, gibt der Reiter das Kommando zum Roll-Back auf der Hinterhand, leichter Zügel- und starker Schenkeldruck. Das Pferd sollte beim Roll-Back mit den Vorderbeinen nicht weiter hochkommen als auf dem Foto, sonst verliert es zuviel Schwung.

108d: Nach dem Roll-Back kommt das Pferd in den Rechtsgalopp und befindet sich nun auf der anderen Seite der Markierung.

109a, b, c, d: Diese Fotoserie zeigt ein Roll-Back nach links. Das Pferd beginnt an der Markierung auf der rechten Hand.

109b: Der Reiter gibt das Kommando zum Stop und geht, alles aus einer Bewegung heraus, ins Roll-Back. Beachten Sie die linke Hand der Reiterin bei der direkten Zügelführung, der Pferdekopf wird leicht nach links genommen.

109c: Dieses Foto zeigt, wie sich das Pferd mit dem rechten Vorderbein nach vorn schiebt, das linke Bein führt in die neue Richtung. Leichte Zügelhand, gute Kopfhaltung des Pferdes.

109d: Es springt im Linksgalopp an und geht auf dieser Seite der Markierung vorbei. Um dem Pferd den Sprung in den Galopp zu erleichtern, gibt die Reiterin, die Zügel und das Reitergewicht vor, verstärkt den Schenkeldruck und galoppiert im „Jagdsitz" nach vorn gebeugt, mit der Bewegung des Pferdes. Dann setzt sie sich wieder gerade hin.

Roll-Back nach rechts:
Pferdekopf leicht nach rechts nehmen, linken Zügel an den Hals legen und linker Schenkeldruck.
Für mehr Tempo geben wir wieder mehr Druck mit dem Schenkel.
Wie schon erwähnt (bei Pivot und Spin), der Schenkel ist die treibende Kraft, nicht der Zügel.
Achten Sie bei der Stellung des Pferdekopfes darauf, daß Sie ihn nicht zu weit nach rechts oder links stellen. Das Pferd kommt aus der richtigen Gesamthaltung heraus und steht nicht mehr in der Balance. Auch mit zu starkem Neck-Reining erreicht man das. Es kann den Roll-Back nicht mehr exakt ausführen.

Nun alles zusammengefaßt:
Sie galoppieren auf der richtigen Hand an, gehen dabei weit genug vom Zaun weg, damit Sie Platz für die Wendungen haben.
Sind Sie bereit fürs Roll-Back, geben Sie dem Pferd die Einleitung zum Stop - Stop - aus dem Stop sofort in den Roll-Back und dann mit Tempo im Galopp weiter, eventuell mit vermehrtem Schenkeldruck.
Am besten, man stellt sich zwei umgekippte Eimer als Markierungspunkte auf, startet auf der einen Seite des ersten Eimers, Roll-Back am zweiten Eimer und kommt wieder beim Ausgang an, aber auf der anderen Seite des Eimers.
Läuft das Rolling-Back in einer einzigen Bewegung ab, ohne Unterbrechung, dann gehen Sie zur einhändigen Zügelführung über.
Später machen Sie die Roll-Backs ohne Markierungen, auf freier Strecke, sonst gewöhnt sich das Pferd an, immer, wenn es einen Eimer sieht, ein Roll-Back zu machen.
Hat das Pferd den Roll-Back begriffen, brauchen Sie nicht mehr zu üben, es sei denn, einmal kurz vor dem Turnier und dann auch nur einmal zur Kontrolle.
Den Sitz des Reiters beim Roll-Back haben wir noch nicht besprochen.
Der Reiter muß tief und gerade im Sattel sitzen. Lehnt der Reiter sich zurück oder zur Seite, bringt er das Pferd aus der Balance.
Nach dem Roll-Back ist es erlaubt, sich ein wenig vorzubeugen (Jagdgalopp), um die Beschleunigung aus dem Roll-Back zu unterstützen, danach ist aber wieder gerade zu sitzen.
Erinnern Sie sich immer an zwei Dinge:

1. Das Pferd stoppen und daraus einen Roll-Back einleiten. Einige Reiter vergessen den Stop, und dann kann das Pferd keinen Roll-Back ausführen. Die Vorwärtsbewegung des Pferdes muß verlang-

samt werden. Lassen Sie das Pferd aber nie total stoppen, dann wird das ein Stop und ein Pivot.

2. Halten Sie die Zügel locker. Nicht reißen! Gebrauchen Sie Ihre Schenkel und nicht die Hand, um das Pferd mit mehr Tempo herumzunehmen.

Tore öffnen und schließen

Eines der berühmtesten Hindernisse im Trail-Parcours ist das Tor. Es muß vom Pferd aus, ohne loszulassen, geöffnet und geschlossen werden.
Das ist ein guter und praktischer Test, da man oft in die Verlegenheit kommt, ein Tor oder Gatter vom Pferd aus zu öffnen und zu schließen. Sonst müßte man jedes Mal vom Pferd steigen.
Es wird in den Trail-Klassen selten vorgeschrieben, in welcher Weise man das Tor zu öffnen und zu schließen hat.
Je leichter und selbstverständlicher der Reiter das Problem löst, desto mehr Punkte kann er erreichen.
Es kann auch Punktverlust geben, wenn der Richter merkt, daß der Reiter damit Schwierigkeiten hat.
Die folgenden Fotos zeigen zwei der einfachsten Methoden, durchs Tor zu gehen.
Das erste ist die Standard-Methode. Die Zweite ist schon schwieriger, weil das Pferd rückwärts durchs Tor geht. Unter den Richtern gilt das als der schwierigere Test und wird höher bewertet.
Das Pferd muß die Seitenlänge, das Back und die Vorhandwendung fehlerfrei beherrschen.
Auf Foto 111b sehen Sie gerade die Vorhandwendung.
Die Fotos ab 110 bis 112 demonstrieren die einfache Methode, durchs Tor zu gehen.
Foto 110a: Beim Herangehen an das Tor vergewissern Sie sich, an welcher Seite die Torangeln sind und zu welcher Seite das Tor aufgeht.
Die Angeln dieses Tores sind auf der rechten Seite, der Reiter stellt das Pferd mit der Hinterhand zu den Angeln und parallel zum Tor. Dann beugt sich der Reiter hinunter und entriegelt das Tor. Foto 110b. Je näher man sich am Riegel befindet, desto besser und leichter läßt er sich öffnen.
Als Maßstab gilt: Der Schenkel des Reiters sollte sich auf der Höhe des Riegels befinden.
Auf dem Foto 111a öffnet die Reiterin das Tor, indem sie das Pferd seitwärts richtet. Ist das Tor weit genug offen, geht das Pferd um das Tor herum (111b), wobei die Reiterin das Tor aber im Griff behält, geht soweit herum, bis es wieder parallel zum Tor steht (112a).
Ein wichtiger Tip: Niemals das Tor loslassen. Das gibt Strafpunkte.
Nun ist es ein leichtes, das Tor wieder zu schließen.

110a + b: Die Reiterin, Julie Temple auf Yateza, erreicht das Tor und stellt fest, daß die Torangeln sich auf der rechten Seite befinden. Sie wählt die Standardmethode: Vorwärts durchs Tor. Die Hinterhand der Stute muß also zu den Angeln stehen.

110b: Julie stellt ihre Stute so hin, daß sie den Riegel des Tores bequem vom Pferd aus erreichen kann.

111a+b: Julie stößt das Tor auf, während die Stute seitwärts geht.

111b: Die Stute geht um das Tor herum, die Reiterin behält das Tor im Griff.

Auf Foto 112a geht das Pferd wieder seitwärts, und man drückt das Tor zu. Der Reiter steht jetzt mit dem Gesicht zu den Torangeln.
Auf Foto 112b wird das Tor wieder verriegelt.
Schwieriger ist es, rücktwärts durchs Tor zu gehen. Foto 113a, b bis 115a, b.
Wenn Sie das Tor erreichen, stellen Sie das Pferd parallel zum Riegel, so daß Sie ihn leicht öffnen können.
Dieses Mal mit dem Gesicht zu den Angeln (113a, b).

112a: Wenn sich das Pferd wieder parallel zum Tor befindet, stößt die Reiterin das Tor zu, die Stute geht wieder seitwärts.

112b: Die Reiterin beugt sich hinunter und schließt den Riegel.

Nun zieht der Reiter das Tor auf, indem das Pferd seitwärts tritt (114a). Ist das Tor weit genug auf, geht das Pferd rückwärts um das Tor herum (114b).
Der Reiter hält das Tor dabei fest und steht dann auf der anderen Seite wieder parallel zum Tor, zieht es zu, wobei das Pferd wieder seitwärts tritt (115b).

113a: Diesmal möchte Julie rückwärts durchs Tor gehen. Sie stellt das Pferd mit dem Gesicht zu den Angeln.

Denken Sie immer daran, daß die Türangeln eine Schlüsselrolle beim Toröffnen und -schließen spielen.
Wollen Sie vorwärts durchs Tor, steht die Hinterhand zu den Angeln. Wollen Sie rückwärts durchs Tor, steht die Hinterhand zu den Angeln. Wollen Sie rückwärts durchs Tor, steht das Pferd mit dem Gesicht zu den Angeln. Üben Sie das Öffnen und Schließen, bis Sie es gut können.

113b: Julie beugt sich hinunter und entsichert den Riegel.

Nehmen Sie dafür kein schweres oder zu stramm in den Angeln hängendes Tor.

114a: Während die Stute seitwärts tritt, zieht Julie das Tor auf.

114b: Die Stute geht rückwärts um das Tor herum, bis sie wieder parallel zum Tor steht. Julie behält das Tor im Griff.

115a: Julie zieht das Tor zu, während die Stute seitwärts tritt. Gehen Sie aber nie weiter vom Tor ab als hier auf dem Bild.

115b: Julie stellt die Stute wieder parallel zum Tor und Riegel, so daß sie das Tor wieder verschließen kann.

Vorstellung der Pferde (Pleasure-Class)

Die beliebteste Turnierausschreibung ist die Pleasure-Class. Oft ist eine sehr große Teilnehmerzahl gemeldet. Das macht die Sache zunächst schwer, denn um zu gewinnen oder eine Schleife zu bekommen, muß das Pferd *gut* sein.

Da gibt es nichts, was garantiert, daß gerade Ihr Pferd Erfolg hat.

Aber es gibt Dinge, die der Reiter tun kann, damit sein Pferd eine Chance zur Placierung bekommt.

Wir besprechen das in diesem Artikel.

Bevor wir anfangen wird kurz erklärt: was ist *Pleasure-Class? Welchen Zweck hat sie?*

Es ist überraschend, wieviele Richter und Turnierveranstalter sich darüber im unklaren sind.

Werfen wir einen Blick in das Regelbuch, auch dort gibt es keine klare und kurze Antwort.

Die Antwort lautet meistens: Die Pferde werden in allen Gangarten vorgestellt, am angemessenen langen oder losen Zügel, ohne übermäßigen Zwang.

116: Diese Western-Pleasure-Araber-Show in Scottsdale ist typisch für die große Teilnehmerzahl in dieser Klasse.

Das erklärt aber noch nicht den Zweck und das Ziel der Pleasure-Class-Disziplin.
Es ist eine Prüfung für ein Pferd, nicht für den Reiter, ein Pferd, das zu reiten eine Freude ist, auf dem man stundenlang ohne Anstrengung zufrieden reiten kann.
Der Richter achtet darauf, welches Pferd für den Reiter am angenehmsten zu sitzen und zu führen ist. Ein Pferd, mit dem der Reiter kämpfen muß, hat in der Pleasure-Class keine Chance.
Die Rasse, ob rein gezüchtet oder Mischling, dick oder dünn, alt oder jung, spielt keine Rolle. Was zählt, ist die angenehme Reitweise.
Mit diesen Gedanken im Kopf gehen wir nun an die Definition des Pleasure-Ridings:
Auf dem Turnier im Ring kann man die Möglichkeiten des Pferdes im Gelände prüfen.
Schritt (Walk):
Wenn Sie viel im Gelände reiten oder Wanderritte machen, dann brauchen Sie ein Pferd mit gutem Schritt.
Das Pferd darf beim Reiten in der Gruppe nicht nach vorn hetzen, die anderen überholen, noch soll es tippeln oder latschen.
Da Sie nicht immer galoppieren oder traben können, ist ein Pferd mit gutem Schritt wertvoll, denn es schafft viel Strecke, ohne außer Atem zu kommen.

Der Richter achtet auf diese Qualitäten im Schauring.
Er möchte einen entspannten, bodengreifenden Schritt sehen, was aber nicht aussehen darf, als ob das Pferd im nächsten Moment antraben möchte.
Ein guter Schritt ist sehr wichtig. Man muß sein Pferd dahingehend ausbilden. Der Schritt soll ja nicht nur eine Pause zwischen Trab und Galopp sein.
Der Schritt wird beim Bewerten durch den Richter genauso wichtig eingestuft wie ein guter Trab oder Galopp.

Trab (Jog):
Draußen im Gelände hat der langsame Trab (Slow trot) mehrere gute Gründe. Einige Pferde schaffen größere Distanzen im Trab als im Schritt. Der Trab ist für das Pferd nicht so ermüdend wie der Galopp (Canter). Es gibt Pferde, die stundenlang traben können, ohne zu ermüden und ohne daß der Reiter ermüdet. Sie schaffen dabei etliche Kilometer. (Darum werden die Distanzpferde im Trab besonders ausgebildet und trainiert.) Ein trabendes Pferd (Jogging Horse) bleibt konstant im gleichen Tempo und regt sich nicht auf. Im flotten Trab oder Galopp kann sich das Pferd schon schneller aufregen, wenn Sie sich zum Beispiel in einer langen Schlange mit Ihrem Pferd befinden und die Pferde vor und hinter Ihnen haben andere Tempi. Aber ein Jog ist kein Jig. Der Jig ist ein kurzer, abgehackter Trab, der Nervosität und Aufregung signalisiert. Das ist eine sehr schlechte Angewohnheit.
Im Schauring, wie auch im Gelände, soll der Trab leicht, gleichmäßig und ruhig sein. Das Pferd darf weder verlangsamen noch beschleunigen. Der Reiter sitzt den Jog aus. Nicht leichttraben oder in den Bügeln stehen. Das Aussitzen ist der Maßstab für den Richter, wie leicht und weich der Gang des Pferdes ist.
Ist der Trab hart, so hat der Reiter Probleme, das Pferd auszusitzen. Ein harter Trab ist nicht wünschenswert.
Oft denkt der Reiter beim Kommando des Richters zum Antraben „soll ich leichttraben oder nicht?" Sitzen Sie auf jeden Fall aus, denn der Richter will erkennen können, welches Pferd sich gut traben läßt. Traben Sie im leichten Sitz, denkt der Richter, Ihr Pferd ist hart und benotet Ihr Pferd dann entsprechend schlecht.
Draußen, im Gelände, können Sie traben, wie Sie es möchten. Auf dem Turnier in der Prüfung sitzen Sie grundsätzlich das Pferd aus.

Galopp (Lope):
Reiter, die viel im Gelände reiten, bevorzugen den Galopp. Man

schafft Strecke, und es ist auf einem guten Pferd sehr leicht zu reiten. Bei gut meinen wir gut trainiert. Das Pferd muß frei und leicht galoppieren. Entspannt und kontinuierlich im ruhigen Tempo durchgaloppieren.
Das Pferd darf nicht gegen das Gebiß kämpfen, schneller werden oder einfach aufhören und in den Trab fallen. Kommt man mit seinem Pferd an einen Punkt, an dem man lieber „Gas" wegnimmt, sollte das Pferd gehorsam ruhiger galoppieren.
Das Pferd darf nicht ungehorsam weitergaloppieren und schwer und unkontrollierbar werden.
Es muß die Reiterhilfen zum schnelleren oder langsameren Galopp, zum Trab oder Schritt sofort annehmen.
Bei dem Kommando „Lope" möchte der Richter einen ruhigen Handgalopp sehen. Trainieren Sie Ihr Pferd dahin, daß es am angemessenen, losen Zügel ruhig oder schneller galoppiert oder im Canter geht sowie Trab oder Schritt.
Und wichtig ist es, immer im richtigen Handgalopp zu reiten.
Nachdem der Richter die Teilnehmer geprüft hat, wie Sie auf beiden Seiten reiten, Links-Rechtsgalopp, bestimmt er die Gewinner, wenn die Klasse klein war.
Bei großen Klassen ist es für einen Richter immer sehr schwer, zu urteilen, da meistens viele Pferde gut sind. Dann kann es sein, daß der Richter nach Extras fragt. Diese können beispielsweise sein:

Rückwärtsrichten: Korrekt in gerader Linie am leichten Zügel, Kopf unten, Maul geschlossen.
Manchmal, um Zeit zu sparen, läßt der Richter die ganze Gruppe geschlossen zurücktreten. Das ist ungünstig, da der Richter nicht alle Reiter gleichzeitig beobachten kann. Dann ist es zweckmäßig, daß mehrere Richter die Top-Pferde beim Rückwärtsrichten beobachten.

Aufsteigen (Mounting): Ein Pferd muß wie eine Statue stehen, wenn der Reiter, egal von welcher Seite, aufsteigt!
Das Pferd darf erst losmarschieren, wenn der Reiter das Kommando gibt, nicht vorher.

Linienarbeit (Rail-Work): Individuelles Arbeiten aus der Linie der anderen Pferde heraus ist nicht schwer, außer, man hat ein Pferd mit starkem Herdendrang. Es will dann immer wieder zu den anderen und ist nicht konzentriert. Es gibt auch Reiter, die unsicher sind, wenn sie allein vorreiten sollen. Um dem Problem abzuhelfen, trifft man sich ab und zu mit anderen und übt es, miteinander zu reiten.

Foto 117: Virginia Haley, Ventura, Cal., und „Mr. Spats" gehen hier im raumgreifenden Schritt in der Pleasure-Class in Santa Barbara.

Der Richter kann aus der Linie verlangen:
Gehen Sie bis zu einem bestimmten Punkt im Schritt, dann bis zu einem bestimmten Punkt im Trab und dann bis zu einem anderen Punkt im Galopp.
Oder: Gehen Sie im Schritt an der langen Seite der Bahn entlang, wenden Sie, galoppieren Sie zurück, im Rechts- oder Links-Galopp, wie es der Richter fordert. Wird kein spezieller Galopp angesagt, galoppieren Sie im korrekten Galopp zurück. Das hängt jeweils von der Seite ab, an der Sie entlangaloppieren.
Oder in der Bahnmitte: Galoppieren Sie zu einem bestimmten Punkt, Stop, umdrehen, im Schritt zurück. Wenn der Richter bei einer Übung in der Bahnmitte den Galopp nicht ansagt, wählen Sie den Handgalopp, der der Bahnseite am nächsten ist. Steht man näher an der rechten Seite, dann wählt man den Linksgalopp und umgekehrt.
Oder: Zwei Pferde stehen Seite an Seite in der Bahn. Auf Kommando des Richters soll das eine in irgendeiner Gangart losgehen, das andere stehenbleiben.
Dann beobachtet der Richter die Pferde genau, ob sich das eine oder andere beeinflussen läßt.
Manchmal läßt der Richter auch jedes Pferd halten, 10-20 Sek. ste-

hen, und dann aus dem Stand auf dem richtigen Fuß angaloppieren, wie in der Dressur.
Der Richter kann auch ein plötzliches ,,Whoa" verlangen, dann müssen alle Pferde aus dem Galopp heraus stehen wie eine Statue.
Oder der Richter verlangt von den Reitern der restlich nachgebliebenen Ausscheidungspferde einen fliegenden Galoppwechsel.
So wird dann aus einer Unmenge von Teilnehmern der beste herausgepickt.
Das sind nur einige Extras, die der Richter fordert. Seien Sie also auf so etwas gefaßt. Wenn Ihr Pferd das alles ruhig und gelassen macht, haben Sie ein gutes Pleasure-Pferd.

Manchmal pickt der Richter den Gewinner von den letzten drei Pferden heraus und sieht sich die Konstitution und den Pflegezustand des Pferdes genau an.
Auch die Kleidung eines Reiters kann in dem Moment eine Rolle spielen. Kleiden Sie sich sauber und ordentlich, reiten Sie korrekt. Ein Reiter in zerknittertem Hemd, dreckigen Jeans und ungeputzten Stiefeln beeinträchtigt das Pferd, auch das beste, in der Wertung. Richter sind auch nur Menschen!

Equitation

Das Wort Reiterprüfung erklärt schon alles: hier wird der Reiter, unabhängig von seinem Pferd, geprüft und benotet.
Die Regeln sind in Amerika nach der AHSA oder AQHA festgelegt. Beide Regelbücher sind darauf abgestimmt, den Reiter mit seinem Sitz und die Art der Hilfengebung zu bewerten. Der Sitz, die Hände, die Schenkel bestimmen den guten Reiter.
Hinter diesen Spezifikationen stecken viele praktische Gründe, die aber aus Platzgründen im Regelbuch nicht aufgeführt werden.
Eines der wichtigsten Gründe ist die Sicherheit. Das ist Nummer 1, warum der Reiter immer bestrebt sein soll, seinen Sitz und die Hilfengebung zu verbessern.
Je besser der Reiter sitzt, desto besser kann er über sich und sein Pferd Kontrolle bewahren.
Der Reiter sollte immer Wert auf gute Balance legen.
Vom Sicherheitsstandpunkt her lernt der Reiter auch das Auf- und Absitzen, ohne Gefahr zu laufen, vom Pferd getreten zu werden oder daß ihm das Pferd davonlaufen kann, bevor er darauf sitzt.
Man lernt, die Füße korrekt in die Bügel zu stellen, um bei entsprechenden Situationen die Bügel nicht zu verlieren und darin hängen zu bleiben.
Der Reiter lernt, die Absätze tief zu halten, um nicht bei jedem Schritt dem Pferd die Sporen in den Leib zu kicken. Der Reiter lernt die richtige Zügelführung für die bestmögliche Kontrolle über das Pferd, den tiefen Sitz in der Balance, um nicht bei ungeahnten, heftigen Aktionen des Pferdes gleich aus dem Sattel zu fliegen.
Ein anderer Grund für gute Equitation ist die Bequemlichkeit für Pferd und Reiter.
Ein unruhiger Reiter, der dem Pferd ewig in den Rücken fällt und die ganze Zeit mit der Balance zu tun hat, unkontrolliert an den Zügeln zieht oder sich daran festhält, kommt am Ziel müde und kaputt an, ebenso sein Pferd.
Es gibt bei dem Pferd, wenn der Reiter korrekt sitzt, keinen Sattel- und Gurtdruck.
Man sollte auch von sich aus bestrebt sein, so gut wie möglich zu reiten. Man will auf dem Pferd ja auch gut aussehen und nicht wie ein Mehlsack da oben hocken.
Das absolute Ziel des „Stock Seat Riders" ist der komfortable Sitz eines im Sattel arbeitenden Reiters mit guter und stolzer Haltung.

Beide, Pferd und Reiter, sollen gepflegt sein, eine gute und gepflegte Ausrüstung haben und gut trainiert sein.
Das alles ist nachher bei der Prüfung sehr wichtig, um das Augenmerk des Richters auf sich zu lenken.
Das erste, was der Richter beachtet, ist der Gesamteindruck, ausgehend von oben, des Reiters Blick soll gerdeaus gerichtet sein, so daß er auch sehen kann, wohin er reitet. Niemals das Kinn herunternehmen und nach unten sehen. Das vermittelt dem Richter den Eindruck von Unsicherheit oder daß der Reiter Angst vor seinem Pferd hat.
Ein nach unten sehender Reiter sitzt immer mit rundem Rücken und zusammengefallenen Schultern.
Der Reiter soll sich nicht nach vorn überlehnen, um zu kontrollieren, ob das Pferd auf dem richtigen Fuß galoppiert.
In der Reiterprüfung muß er so weit sein, daß er das herausfühlt. Sonst werfen Sie bitte nur einen kurzen Blick auf die Schulter des Pferdes, dann erkennen Sie es auch.
Es gibt keinen Grund, sich in der Reiterprüfung nach vorn überzulehnen, es sei denn, Sie wollen dem Richter mitteilen, daß Sie nicht wissen, auf welchem Fuß Ihr Pferd gerade galoppiert.
Die Schultern stehen parallel zur Vorhand des Pferdes und sind schön zurückgenommen.
Der große Fehler, den man immer wieder sieht, ist der, daß die Schulter der Zügelhand vorsteht und die andere Schulter zurückgenommen ist. Das verschiebt die Grundhaltung des Reiters. Diese Haltung dreht den Rumpf des Reiters so, daß der eine Schenkel nach vorn kommt und den Reiter aus der Balance bringt.
Die Oberarme sind gerade am Körper, in einer Linie, die Zügelhand ist am Ellenbogen geknickt, ebenfalls dicht am Körper, entspannt, nicht steif.
„Fliegende Ellenbogen" geben kein schönes Bild ab, und was noch wichtiger ist, die Zügelhand ist unruhig.
Sitzt der Reiter entspannt, im Rücken gerade oder leicht konkav, so hilft das dem Reiter, genau im Schwerpunkt zu sitzen, im Spalt, anstatt auf dem Gesäß oder dem Steiß. Da sehen wir auch oft Fehler. Viele Westernreiter sitzen im Sattel wie in einem Sessel, sie sitzen auf dem Gesäß, mit rundem Rücken und die Füße nach vorn gestreckt. Geht das Pferd im Trab oder Galopp, stoßen sie immer an das cantle und stützen sich dort ab.
Erstens sieht das schlecht und schlapp aus, zweitens befindet sich der Reiter nicht in der besten Balance mit dem Pferd.

Anstatt sich in der Bewegung des Pferdes zu befinden, stört der Reiter das Pferd, indem er jedesmal gegen das cantle stößt. Mit den Füßen vorn kann man keine optimale Schenkelhilfe geben.
Sitzt der Reiter im Spalt, befindet er sich in der Balance mit dem Pferd, es erlaubt ihm größere Flexibilität in der Hüfte und des Rükkens sowie besseren Schenkeldruck.
Wie im englischen Reitstil, gibt es auch beim Westernreiten verschiedene Sättel für verschiedene Disziplinen.
Im falschen Sattel ist es manchmal unmöglich, eine gute Equitation zu reiten.
Für diese Reiterprüfung braucht man den korrekten Sitz.
Der Cutting-Sattel ist kein guter Equitations-Sattel, da er für einen tiefen Sitz konstruiert ist, mit nach vorn hängenden Bügeln, weil der Reiter bei der Kälberarbeit sich aus Sicherheitsgründen in den Bügeln nach hinten an das cantle abstützen muß.
Der Cutting-Horse-Reiter muß sich also dann von vorn mehr aufrichten und den Rücken geradehalten.
Aber ein Equitations-Reiter reitet kein Cutting-Horse und keinen Cutting-Sattel.
Ebenso ist es mit anderen Sätteln, die einen schlechten Schnitt haben, unkomfortabel sind, zu klein oder zu groß sind. Damit kann man keine Reiterprüfung reiten.
Wenn also der kleine Sohn mit Papas Roping-Sattel reitet, wird er genauso schlecht aussehen wie ein Jugendlicher mit seinem mittlerweile zu klein gewordenen Kindersattel.

Bevor wir weitergehen, sei noch eins bemerkt:

Das *Equitations*-Reiten ist das *Ideal,* aber manchmal muß man vom Ideal abweichen, wenn man zum Beispiel ein Cutting-Horse reitet, ein Jungpferd ausbildet oder ein Pferd korrigiert.
Es ist eben anders, als mit einem sehr gut ausgebildeten Pferd zu reiten.
Der Reiter sollte aber immer zum Ideal zurückkehren. Das ist ausschließlich die Basis, von der aus man startet und zu der man wieder zurückfinden sollte.
Die Zügelhand wird etwas über oder vor dem Sattelhorn gehalten. Hält man die Hand hinter dem Sattelhorn (zu sich hin), dann sind die Zügel zu lang, der Reiter braucht zu lange, um das Pferd zu verlangsamen oder zu stoppen, außerdem zieht er die Hand dann bis in den Magen oder zur Seite weg. Trägt man die Hand zu weit vor dem Sattelhorn, zieht es die Schultern des Reiters nach vorn.

Foto 120: Der Sattel sollte zur Größe des Reites passen. Hier sehen wir die neunjährige Lisa Betts mit exakt passendem Sattel.

Die andere Hand ist oft das Problem bei einhändiger Zügelführung mit ungeteiltem Zügel.
Bei einigen Reitern zeigt die Hand nach außen. Das sieht nicht besonders gut aus; einige halten sie zu dicht am Gürtel. Ist der Arm dabei entspannt, so sieht das nicht schlecht aus, zum Beispiel beim Galopp.
Viele Reiter halten den Arm, als wäre er in Gips. Das gibt dann vom ganzen Reiter in seiner Gesamthaltung einen Eindruck von Steifheit. Wie auch immer, einige Regeln bestimmen, daß die freie Hand nahe am Gürtel zu sein hat, wenn der Reiter mit geteiltem Zügel reitet. In den AHSA-Regeln ist das freigestellt und erlaubt dem Reiter, das Ende so zu halten wie ein Romal.

Foto 121: Diese Rückansicht zeigt einen Reiter in guter Position. Die Unterschenkel hängen natürlich herunter, die Fußspitzen sind leicht nach außen gestellt. Die Sporen sind weit genug weg vom Pferd.

Gleichbedeutend mit dem richtigen Sitz ist die richtige Fußhaltung. Die Fußhaltung unterstützt den Sitz und arbeitet also konform. Die richtige Fußhaltung bremst Erschütterungen im Knöchel und im Knie.

Daher verlagert man einen Teil seines Gewichtes in die Steigbügel. Haben Sie nur einen geringen Halt in den Bügeln, dann müssen Sie die Erschütterungen anders abfangen, meistens mit dem Gesäß.
Zu viel Gewicht in den Bügeln läßt Sie aus dem Sattel kommen.
Die Beine müssen genau gerade herunterhängen. Sind die Beine zu weit vorn, wirft es Ihren Rücken gegen das cantle. Sie werden im Gesäß gestoßen.
Sind Sie zu weit hinten, werden Sie bei einem Buckler Ihres Pferdes nach vorn über den Hals abgeworfen.
Bei korrektem Sitz sind Schulter und Absatz in einer Linie. Der Steigbügel liegt unter dem Fußballen als die beste Stütze. Das erlaubt größere Flexibilität im Knöchel, da Ihr Absatz immer tiefer liegen sollte als die Fußspitze!
Stellen Sie den Fuß zu weit in den Bügel, verlieren Sie die Flexibilität im Knöchel, und Ihr Fuß könnte durch den Bügel rutschen.
Liegt der Bügel unter der Fußspitze, können Sie ihn leicht verlieren. Außerdem wird der Absatz dadurch sehr steif gehalten, da Sie ja mit der Fußspitze einen Teil Ihres Gewichtes halten wollen.
Wenn der Absatz nach oben zeigt, haben Sie keine feste Wade, somit keine Kraft im Schenkel.

Mit tiefem Absatz können Sie die Schenkelhilfen besser einsetzen, Stöße werden abgefangen.
Die Zehenspitzen sollten gerade nach vorn oder ganz leicht nach außen gestellt sein, aber nicht zu weit, da Sie sonst dem Pferd fortwährend die Sporen in die Flanken stoßen. Drehen Sie die Fußspitzen nicht krampfhaft nach innen, das versteift die Beinmuskulatur, vermindert den Knieschluß und erschwert den Einsatz der Sporen oder des Ansatzes.

Es sieht außerdem steif und unnatürlich aus.
Bevor Sie an der Equitation teilnehmen, müssen Sie sich vergewissern, daß die Bügel richtig hängen, da es sonst unmöglich ist, die Füße korrekt in den Bügeln zu halten.
Aus Sicherheitsgründen sollten Sie nicht in Tennisschuhen, Latschen oder flachen Halbschuhen reiten. Niedrige oder auch gar keine Absätze unter den Schuhen verursachen oft, daß der Fuß durch die Bügel rutscht.

Foto 122: Der korrekte und der unkorrekte Sitz.
Auf Foto 122 sitzt David korrekt im Sattel.

Foto 123: David sitzt wie in einem Sessel. Er sitzt schlapp, der Rumpf gegen das cantle, die Füße nach vorn. Das Kinn zeigt nach unten, und die linke Schulter steht vor, die Zügelhand ist zu niedrig.

Foto 124: David zeigt uns eine akzeptable Position der freien Hand bei geteiltem Zügel. Auf allen anderen Bildern reitet David mit Reins oder Romal.

Foto 125: In der Reiterprüfung müssen die Pferde generell rückwärts gerichtet werden. David hat hier eine leichte, aber zu hohe Zügelhand.

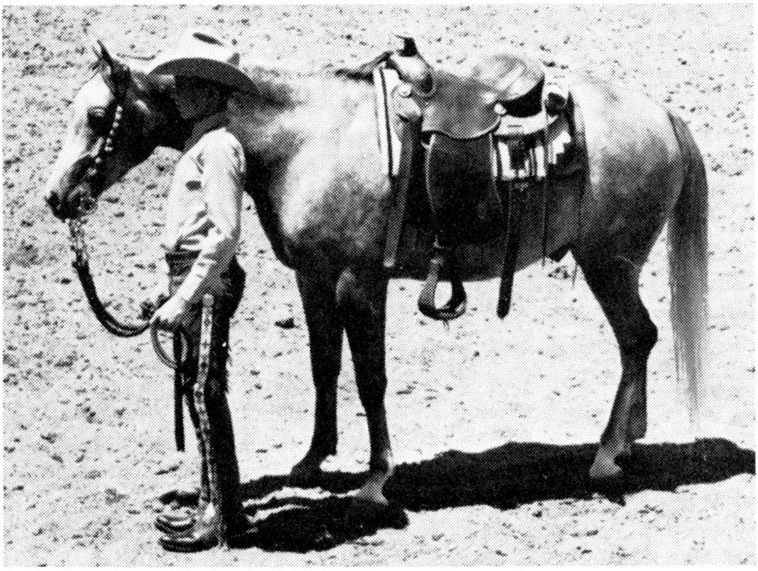

Foto 126a: Hier steht David in der Richtung des Richters. Beachten Sie, wie er das Romal hält.

Foto 126b: Auch wenn das Regelbuch darüber nichts sagt, vergewissern Sie sich, ob der Sattelgurt festsitzt. Das gibt einen Extrapunkt. Gurt vorher festziehen, wenn er lose ist.

Foto 126c: Auch so kann man im Schauring aufsteigen. David steht dicht am Pferd und sieht über den Sattel. Das ist die gebräuchlichste Art, im Western-Stil aufzusteigen.

Foto 126d: Die Dreiviertel-Position. Gesicht nach hinten. Einen Fuß in den Bügel (links) und dann das rechte Bein über das Pferd schwingen.

Foto 126e: Linke Hand am Widerrist oder Sattelhorn, der Reiter springt hoch und schwingt das rechte Bein über das Pferd. Kritik: Davids linkes Bein ist nicht geradegestreckt, und es sieht aus, als hätte er zuviel Gewicht auf der linken Hand. Die Zügel sind zu lang.

Foto 126f: Nachdem er im Sattel sitzt, wirft er das Romal von dieser auf die andere Seite. Getrennte Zügel bleiben auf dieser Seite.

Viele Unfälle resultieren aus solchen Unvorsichtigkeiten. Der Reiter stürzt und wird mitgeschleift, weil er in den Bügeln hängenbleibt.
Die Waden sollten nicht immer im Kontakt mit dem Pferd sein, es beeinträchtigt den Schenkeldruck (schenkelmüdes Pferd). Leichter Knieschluß ist angebracht, so daß gerade kein Licht durchscheint, mehr nicht. Zu starker Knieschluß macht steif, und die Stöße werden nicht mehr genug abgefangen, der Unterschenkel wird steif und „fliegt".
Reitanfänger denken oft, der starke Knieschluß wäre das Wichtigste am Reiten.
Ein guter Reiter sitzt in der Balance, in der richtigen Position mit Schenkel und leichtem Knieschluß.
In der Equitation wird der Reiter auch aufgefordert, auf- und abzusteigen. Wie das zu geschehen hat, steht in den Regelbüchern.
Wir werden das Thema aber auch noch ansprechen.
In keinem Regelbuch steht, ob der Reiter beim Aufsitzen nach hinten oder nach vorn beim Pferd sehen soll. Das ist frei. Von der Sicherheit ausgehend, sollte man dicht am Pferd stehen und über den Sattel sehen (126 c). Von diesem Standort aus kann der Reiter die Ohren und die Hinterbeine des Pferdes beobachten, ob es beißen oder treten will. Den linken Fuß kann man dann auch schneller aus dem Bügel nehmen, sollte das Pferd plötzlich losgehen.
Die Dreiviertel-Position (126 d) beim Aufsitzen: Das Gesicht des Reiters zeigt nach hinten, der linke Fuß wird in den Bügel gestellt, und dann wird das rechte Bein über das Pferd geschwungen, der Reiter sitzt im Sattel (Aufsitzen wie im englischen Stil).
Der Reiter ist aus der Gefahrenzone des „Kuhtritts".
Steigen Sie im Schauring unter der Aufsicht des Richters auf, und Ihr Pferd versucht, loszugehen, korrigieren Sie das sofort mit den Zügeln. Man sieht oft Jugendliche auf den Turnieren, die ihr Pferd sofort losgehen lassen, wenn sie gerade im Sattel sitzen, aber die Zügel noch nicht aufgenommen haben. Das gibt Minuspunkte.
Im Regelbuch wird festgelegt, wie man absteigt:
Gesicht zum Pferdekopf und zum Richter, also Dreiviertel-Position nach vorn.
Grund: Wenn das Pferd losgeht, rutscht der linke Fuß sofort aus dem Bügel, also ein Sicherheitsgrund.
Die Generalregelung für Richter über das Bewerten von Stock-Seat-Equitations-Teilnehmern setzt fest:
Zu bewerten sind:
Die Vorstellung des Pferdes.

Wie arbeiten Pferd und Reiter zusammen.
Ist das Pferd für den Reiter geeignet.
Die Vorstellung des Pferdes ist sehr wichtig. Aus dem „wie gut das Pferd geht" erkennt der Richter das Talent des Reiters. Je besser das Pferd mitarbeitet, desto besser wird man bewertet, auch wenn das Regelbuch (AHSA) von 1970 festsetzt:
Die Ergebnisse des Pferdes sind nicht höher zu bewerten als die Methode, die der Reiter anwendet.
Das interpretiert zwei Dinge: Erstens gibt es Pferde, die so gut trainiert sind, daß sie alles automatisch tun, und der Reiter sitzt nur oben drauf.
Andere Reiter müssen Geschick und Pferdeverstand walten lassen, um das Pferd zur Mitarbeit zu bewegen.
Der Richter kann das sehen und bewertet die Reiter besser, die „arbeiten" müssen, als die Reiter, bei denen das Pferd alles mechanisch macht.
Der Reiter, der mit mehr Feinheiten arbeitet, wird besser bewertet als derjenige Reiter, der hart an den Zügeln reißt und mit Sporen das Pferd traktiert.
Nachdem der Richter die Besten ausgesucht hat, kann er noch individuelle Tests abverlangen.
Ein Stock-Seat-Rider muß darauf vorbereitet sein, eine Reining mit fliegendem Galoppwechsel reiten zu müssen, Galoppunterschiede herausreiten können und Fragen zum Reiten, zur Anatomie des Pferdes und zur Ausrüstung beantworten können.
Ein guter Stock-Seat-Rider muß für alles gerüstet sein. Je mehr ein Richter fordert, um so mehr verringert sich die Teilnehmerzahl.
Vor der Meldung zum Turnier muß man sich über die Startklasse im klaren sein und welche Ausrüstung vorgeschrieben ist: Hut, Stiefel, Chaps, Reata, Hobbles ...
... und was man nicht benutzen darf: Martingal, Ausbinder, Tie-Down, Nasenband ...
Das erfährt man aus den Regelbüchern.
Denken Sie auch daran, wie Sie einen guten Eindruck machen können. Die meisten Richter wollen eine schöne, gepflegte, konservative Ausrüstung sehen. Heben Sie sich die mit Münzen verzierte Stretchhose und das Knitterhemd für andere Anlässe auf.
Das Pferd sollte in gepflegtem und gutem Zustand sein, die Satteldecke gewaschen.
Mehr als ein Richter hat schon die Satteldecke abnehmen lassen, um zu sehen, in welchem Zustand Decke und Pferderücken sind.

Foto 127: Beim Aufsteigen sollte der Reiter dicht am Pferd stehen, damit er gerade aufspringen kann. Zu weiter Abstand bringt zuviel Gewicht an das Sattelhorn, der Reiter zieht den Sattel herunter.

Unter „Tips fürs Turnier" behandeln wir noch einige Punkte besonders.
Ob das Pferd zum Reiter paßt, heißt:
Größenmäßig, von der Konstitution her muß das Bild harmonieren. Es sieht schlecht aus, wenn ein großer Reiter und kleines Pferd oder umgekehrt auftreten. Es ist für einen kurzbeinigen Reiter schlecht möglich, auf einem großen, dickbäuchigen Pferd die Schenkel in der richtigen Position zu halten.
Reiter im californischen Stil sind die bestangezogenen Reiter im ganzen Land und haben auch die beste Ausrüstung.

Tips für's Turnier

Auf dem Turnier im Schauring gibt es viele Dinge, die man für unwichtig hält und die dann doch letztlich dazu beitragen, ob man placiert wird oder nicht.
Das Wichtigste ist der Gesamteindruck, den Sie beim Richter machen.
Die Geschmäcker der Reiter sind verschieden, und die Turniere sind auch von Ort zu Ort verschieden.

Foto 128: Reiter im californischen Stil sind die Reiter mit der schönsten Kleidung und die Pferde mit der elegantesten Ausrüstung. Dieses Bild wurde in Santa Barbara aufgenommen.

Gerade aber in den Details sollten Sie einen guten Eindruck machen, denn auch die Kleidung spielt eine Rolle.
Ungepflegte Kleidung beeinträchtigt die Bewertung.
Frauen und Mädchen mit langen Haaren sollten diese hochstecken oder mit einem Haarnetz befestigen. Offenes Haar oder ein Pferdeschwanz schmälern die Eleganz.
Die Ausrüstung des Pferdes sollte gepflegt sein, vor allem in den Equitations-Klassen, denn es kommt schon vor, daß ein Richter unter die Satteldecke guckt.
Bevor Sie in Ihrer Klasse starten, informieren Sie sich über die Ausrüstungsteile, die erlaubt, gefordert oder verboten sind.
Die Regeln erlauben ein Lasso oder eine Reata, weil es gut aussieht und dazugehört.
Es darf aber den Schenkel des Reiters nicht stören. Wenn Sie sich für ein Lasso entschieden haben, dann darf es kein Lead-Rope oder gar eine Wäscheleine sein. Das kostet Punkte.
Das Rope muß gut gewickelt sein. Eine große Verärgerung des Richters ist ein schlaffes Lasso, das aussieht wie eine nasse Nudel.
Das Pferd muß geputzt, Fesselgelenke und Mähne müssen getrimmt und gesund sein. Hufe sind zu schrubben und zu polieren!
Läßt man vor einer Gruppe das Pferd gegen den Zaun laufen, stört das die nachfolgenden Reiter und kann unter Umständen sogar gefährlich sein.
Außerdem ist das unsportlich!
Für Unfairness vergibt der Richter ein „Gänseei". Man wird als Dummkopf hingestellt.
Ein guter Reiter weiß, genau wie ein guter Autofahrer, was um ihn herum geschieht und kalkuliert es entsprechend ein.
Er darf niemals einen anderen Reiter veranlassen, sein Tempo zu verändern.
Man blockiert dem anderen Teilnehmer nicht das Auge des Richters.

Der Richter

Achten Sie auf den Richter, so daß Sie immer wissen, wohin er gerade sieht und was er macht.
So können Sie immer gut aussehen, wenn er zu Ihnen hinsieht. Las-

sen Sie das den Richter aber nicht merken, sonst könnte er denken, Sie haben gerade einen Fehler gemacht, in der Hoffnung, daß er das nicht gesehen hat und beobachtet Sie dann kritischer.
Behalten Sie auch die Ringstewards im Auge, denn auch die achten darauf, ob Sie falsch angaloppiert sind oder ähnliches.
Das ist zwar nicht die offizielle Aufgabe eines Ringstewards, aber sie machen das. Seien Sie also aufmerksam.

Vorbereitung

Das heißt, aufmerksam sein und verfolgen, was um einen herum geschieht. Denn wenn Sie mit dem Auto in einen Verkehrsstau geraten, wissen Sie ja auch, was Sie zu tun haben. Genauso ist das beim Reiten. Achten Sie immer darauf, was als nächstes kommen kann. Sind Sie unaufmerksam und müde, so steckt das Ihr Pferd an, und Sie beide versäumen das nächste Kommando. Es ist auch schon passiert, daß ein Pferd angaloppiert ist, als der Ansager „Trab" befohlen hat.
Achten Sie auf die Ansage, denn es macht keinen guten Eindruck, wenn das Kommando „Wenden" angesagt ist, und Sie traben einfach weiter.
Bleiben Sie selbst aufmerksam, dann ist es auch Ihr Pferd. Es achtet dann auch auf Ihre Kommandos und nicht auf die des Ansagers.
Es ist erlaubt, das Pferd in der jeweiligen Gangart zu halten, bis Sie das Kommando, z. B. angaloppieren, dem Pferd weitergeben, nur Sie dürfen dabei niemanden behindern.
Der Richter erkennt an, was Sie machen, und es gibt keine Minuspunkte dafür.
Auch beim Aufmarschieren müssen Sie aufmerksam in der Reihe stehen und dürfen nicht schlafen, schon gar nicht, wenn der Richter zu Ihnen hinsieht.
Gibt der Richter das Kommando „Back" (Rückwärtsrichten), müssen Sie Ihr Pferd aufmerksam und versammelt stehen haben, am angenommenen Zügel, um dem Kommando sofort Folge leisten zu können.
Beim strengen Richter verlieren Sie sofort Punkte, wenn er warten muß und Sie erst bei seinem Kommando anfangen, das Pferd zu versammeln.

Lächeln Sie!
Ein freundlicher Reiter vermittelt immer den Eindruck: Alles ist okay.
Er wird vom Richter aufmerksamer beobachtet als ein Reiter, der den Eindruck macht, als sei die ganze Welt gegen ihn.
Lächeln Sie, auch wenn Ihr Pferd den härtesten Trab der Welt hat oder sich anfühlt, als würde es gleich explodieren.

Verteilung

Verteilen Sie sich immer gut auf dem Parcours, damit der Richter Sie auch sieht. Verstecken Sie sich nicht hinter anderen Reitern, reiten Sie selbständig, sooft es geht allein.
Als generelle Regel gilt:
Bleiben Sie am Rand oder Zaun. Sie werden dann zwar ab und zu von anderen Reitern überholt, aber meistens reiten Sie dort allein.
Ein flotter und sicherer Reiter wird darauf achten, daß er die Gruppe nicht blockiert, vor allem gerade dann nicht, wenn der Richter hinsieht. Wenn möglich, reitet man dann durch die Bahn zu einem Platz, der leer ist, oder reitet eine Volte und setzt sich hinter die Gruppe. Das ist erlaubt.
Der flotte Reiter ,,versteckt" sich nur dann in der Gruppe für einen Moment, wenn sein Pferd unaufmerksam ist und eine Lehre erteilt bekommen muß.
Auch das ist ein Teil des Turniers.

Auf der richtigen Hand

Es sollte für Sie selbstverständlich sein, daß Sie wissen, wann Ihr Pferd auf welchem Fuß galoppiert.
Viele Turnierteilnehmer holen sich hier die Fehlerpunkte. Korrigieren Sie einen falschen Galopp *sofort!*
Kann das Pferd den fliegenden Galoppwechsel, dann wechseln Sie, kann es das nicht, dann parieren Sie durch zum Trab und galoppieren neu an.
Versuchen Sie es auf dem Turnier nicht zum Wechsel zu zwingen, indem Sie gegen den Zaun reiten, es könnte in den Kreuzgalopp fallen. Außerdem ist es nicht die optimale Methode, den Galopp zu wechseln und kostet entsprechend Punkte.

Foto 129: Die Reiter sollten sich so verteilen, daß der Richter jeden einzelnen immer sehen kann. Der Reiter im oberen Foto wird vom Richter aufmerksamer verfolgt als die drei Reiter im unteren Foto.

Lesen Sie die Regeln

Das kann nicht oft genug wiederholt werden!
Sie müssen genau wissen, was in den jeweiligen Klassen, für die Sie sich gemeldet haben, verlangt wird, welche Kleidung vorgeschrieben ist, welche Ausrüstung Sie verwenden dürfen und welche nicht.
Es ist immer wieder überraschend, wieviel Teilnehmer in einer Reining-Klasse starten und gar nicht wissen, was sie dort vorstellen sollen.
Oder die Pferde sind auf Hackamore oder mit Nasenriemen oder Tie-Down gezäumt, oder die Reiter wählen einfach die beidhändige Zügelführung und so fort, obwohl die Regeln dazu klare Anweisungen geben.
Die meisten Turniere werden unter den Regeln der American Quarter Horse Association (AQHA), P. O. Box 200, Amarillo Texas 79105, oder American Horse Show Association, 589 Madison Ave., New York City 10022 ausgerichtet. (Die Adressen können sich geändert haben [Anmerk. der Übersetzerin]).
Das AHSA-Regelbuch hat auch die Regeln für Appaloosa-, Araber-, Morgan-, Pinto-, (aber keine Paint-), Palomino-, POA-Pferdezuchtschauen aufgeführt.
Auch die Regeln für viele offene Klassen wie Western-, Gymkhana-, Jagd- und Springreiten sind darin aufgeführt.
Man sollte sich immer über die Neuerscheinungen der Regelbücher informieren und sie sich jeweils besorgen.
Die Regeln können sich jährlich ändern.
Andere Zuchtvereinigungen haben ihre eigenen Regelbücher. Kleine, offene Turniere werden nach regionalen oder lokalen Turnierregeln ausgerichtet.
4-H-Pferdeschauen werden unter 4-H-Regeln ausgerichtet.

Gehen Sie nur mit einem gut trainierten Pferd auf ein Turnier

Machen Sie nicht den Fehler und gehen Sie auf Turniere, für die Ihr Pferd noch nicht weit genug ausgebildet ist.
Heute, bei der zunehmenden Konkurrenz, ist es nicht mehr möglich, mit einem Pferd, das nicht rückwärts geht, das falsch angaloppiert oder mit dem Kopf schlägt, auf ein Turnier zu gehen (in Amerika).

Foto 130: Ein Aussteller oder Turnierteilnehmer sollte immer so gut wie möglich aussehen. Das ist Tommy Manion mit „Jhonny Snowcap", Nationaler Champion unter den Appaloosa-Hengsten. Besitzer: Russo Farms, Naperville in Illinois.

Pferde brauchen allerdings gewisse Turniererfahrungen, um nachher auf den entscheidenden Vorstellungen nicht zu versagen.
Aus diesem Grund lassen Turnierreiter und Züchter junge Pferde schon an Turnieren oder am Geschehen ringsum teilnehmen. Sie reiten umher, führen das Pferd an die verschiedenen Anblicke und Geräusche heran. Oder sie lassen die Pferde in kleinen Klassen starten. Da kostet das Nenngeld dann nur 1 $ und nicht 10 $.
Das typische Jungpferd wird auch die typischen Fehler machen, nur so wird es langsam zum Turnierpferd geschult. Es ist auch leichter, nur 1 $ als 10 $ zu verlieren.
Sie merken auch, daß Ihr Pferd Sie testet oder versucht, Sie auszutricksen, wenn es sich noch in den unteren Klassen befindet.
Es macht dort vielleicht Dinge, die es zu Hause nie machen würde, nur um schnell aus dem Turniertrubel herauszukommen.

Foto 131: So, wie diese Reiterin aussieht, wird sie viel Erfolg beim Richtergremium haben.

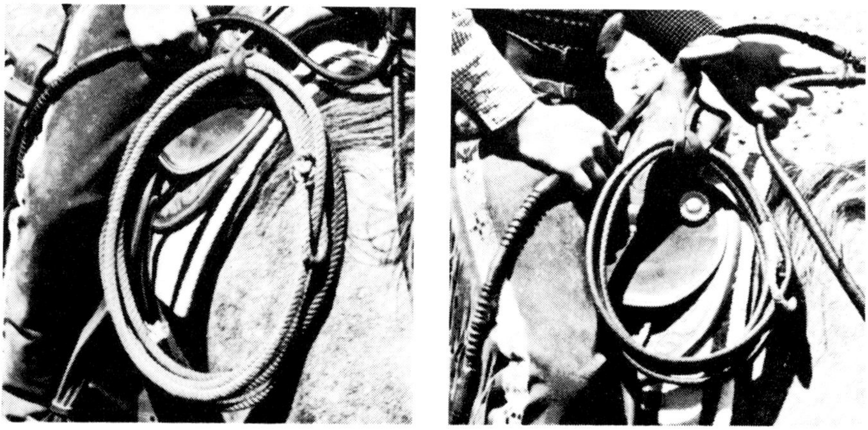

Foto 132: Diese beiden Fotos zeigen ein Lasso und eine Reata, exakt gewickelt und befestigt.

Hat es damit Erfolg, dann haben sie damit ein Problem mehr.
Die einzige Lösung, dem vorzubeugen ist es, sich in verschiedenen Klassen zu melden und schon zu bedenken, was man tun kann, dem Pferd beizubringen, daß es, egal mit welchen Tricks es arbeitet, nicht eher herauskommt, bis die Aufgabe fertiggeritten ist.
Daher ist es vom wirtschaftlichen Standpunkt aus gesehen wichtig, erst kleine Turniere zu besuchen.
Wenn aber, ganz gleich, wo Sie sich befinden, das Pferd Probleme macht, es zum Beispiel weglaufen möchte, dann ist es fürs Turnier noch nicht genügend vorbereitet.
Außerdem sollten Sie bedenken, daß sich Ihr Pferd aufgrund des Temperaments und des Körperbaus für die eine oder andere Disziplin nicht eignet.
Fragen Sie eventuell einen Fachmann.
Viele Top-Pferde aus der *Pleasure-* oder *Trail-Class* haben nicht den Nerv oder die Eignung zum *Reining-* oder *Cow-Horse.*
Wieder andere, Reining- oder Cutting-Horses, haben zuviel Temperament für die Pleasure- oder Trail-Class.
Wenn Sie versuchen, ein gutes Pleasure-Pferd in der Reining-Klasse vorzustellen, dann erreichen Sie letztendlich, daß das Pferd beide Klassen schlecht und recht besteht.
Fürs Reining brauchen Sie ein Pferd mit Tempo, fürs Pleasure nicht.
Bilden Sie Ihr Pferd dahin aus, für das es sich am besten eignet. Sehr wenige Pferde können gut Pleasure und Trail und daneben *Barrel-Race* und *Pole-Bending* gehen.
Auch die Zeitlimits für diese Rennen lassen ein Durchschnittspferd oder speziell auf Pleasure ausgebildetes Pferd schlecht dastehen.
Sie sollten Ihr Pferd genau ansehen und dann in den Disziplinen ausbilden, für die es sich am besten eignet.
Dabei sollte erwähnt werden:
Auf den heutigen Turnieren sollten Sie darauf achten, daß Ihr Pferd auch optisch gut aussieht.
Vor allem in den Klassen: Pleasure, Trail und Equitation. Auch wenn die Regeln über das Aussehen eines Pferdes nichts vorschreiben oder es nicht bewertet werden soll, ist es nur allzu menschlich, wenn der Richter vom gutaussehenden Pferd mehr beeindruckt ist als vom anderen.
Das Pferd braucht kein Zuchtchampion zu sein, muß auch nicht in irgendwelchen Zuchtbüchern eingetragen sein oder Rasse haben, aber es sollte ausgewogene Proportionen haben und angenehm anzusehen sein sowie gute Gänge und Bewegungen zeigen.

Gehen Sie mit Spaß an die Sache heran!
Turniere sind für den Spaß, die Freude und die Entspannung geschaffen worden.
Zugegeben, einige Turniere sind schon reine Fahrpläne, und manche Richterentscheidung ist fraglich, aber da ist ja bald wieder ein Turnier, nächste Woche, an einem anderen Ort und mit anderen Richtern!
Und zuletzt denken Sie daran:
Das Wichtigste ist die Zufriedenheit, wenn Sie vom Turnier nach Hause fahren, auch wenn Sie keine Schleife mit nach Hause nehmen, wie gut Sie und Ihr Pferd trotzdem ausgesehen haben und wie gut es doch alles gelaufen ist und nicht wieviele Schleifen und Pokale Sie gewonnen haben.

Good Luck.

Viel Glück und viel Spaß auf dem Turnier!

Zu den amerikanischen Worten:

Bezeichnung	Aussprache	Bedeutung
Back	(bäk)	zurück
Bit	(bit)	Gebißstück
Canter	('kanter)	kurzer Galopp
Cantle	('käntl)	Sitzlehne d. Westernsattels
Cinch	(tßintß)	Sattelgurt
Curb	(kö:b)	Kandare
Cutting	('kattin)	Kalb aus der Herde trennen, schneiden
Green Horse	(gri:n ho:s)	junges Pferd
Gullet	('galit)	Öffnung unter dem Sattelhorn im Vorderzwiesel
Half-hitch	(ha:f-hitß)	Sicherheitsknoten, der sich mit einem Ruck öffnen läßt
Lope	(loup)	Galopp
Neck-Reining	(nek-reining)	Einhändige Zügelführung. Das Pferd geht herum, wenn der Zügel den Hals berührt.
Pelham-bit	('pälöm-bit)	Pelham-Gebiß (Eigenname)
Pleasure	('pleßö)	Vergnügen, Freude
Poll	(poul)	Genick
Quarter- oder Half-Turn	('kwo:tä- oder ha:f-tö:n)	Viertel- oder halbe Drehung, Wendung
Rein	(rein)	Zügel
Roll-Back	(roll-bäk)	Hinterhandwendung aus dem Stop 180°
Romal	(rumäl)	Kalifornische Zügelenden-peitsche
Rope	(roup)	Lasso
Skid-boots	(skid-bu:ts)	Fesselgelenk-Schoner
Sliding-Stop	(slaiding-stop)	Stop, auf der Hinterhand weitergleitend
Snaffle	('snäfl)	Wassertrense mit gebrochenem Mundstück
Spin	(spin)	360° Drehung auf der Hinterhand
Speed	(spi:d)	Geschwindigkeit
Throatlatch	(θroutlätß)	Ganaschen
Two Track	(tu:-träk)	Vorwärts-seitwärts treten
Western-Riding	('westön-'raidin)	amerikanische Reitweise

Inserenten

DAS HOLSTER
HARRY MAACKEN
für sämtliche Pistolen
Trensen, Zügel, Halfter
HARRY MAACKEN
HASENKROG 3, 2061 TÖNNINGSTEDT
TELEFON 04537/495
zusätzlich ab 1. 4. 86: HARRY'S WESTERN MUSEUM-GALERIE
Lübecker Str. 10a, ,,Speicher Lüken'', 2360 Bad Segeberg, Tel. 0 45 51/9 12 55

Druckerei Liepertz Mechernich

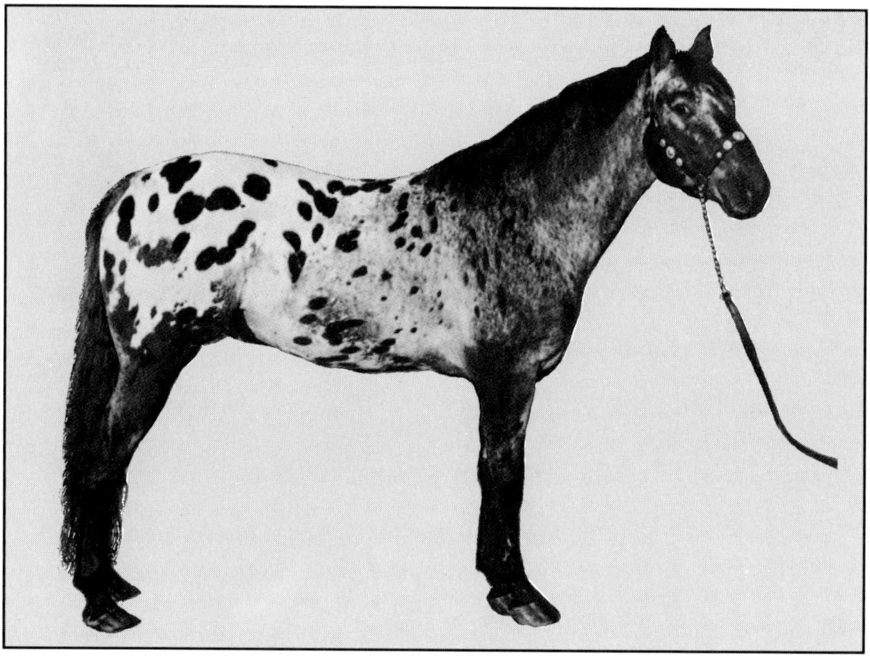

AMERICAN HORSE FARMS

IMPORT · ZUCHT · TRAINING · VERKAUF

Seit 14 Jahren Quarter Horse Zucht in Deutschland

Es stehen ständig American Horses sowie andere Westernpferde in allen Altersklassen und Ausbildungsstufen zum Verkauf.
Unsere zwei Quarter Horse Spitzenhengste stehen zum Decken Ihrer Stuten bereit. Erstklassige Nachzucht kann besichtigt werden.

Bull's Billy Van
AQHA Nr., 518785
1967 roan stallion
War lange Zeit der einzige Quarter Horse Hengst in Deutschland. Verkörpert den klassischen Stil.

Ole Man Luck
AQHA Nr. 996287
1974 black stallion
Hat in Amerika gewonnen. Vater ist: „The Ole Man".

und **Soreno Warrior**
APHA Nr. 16, 240
PHAA Nr. PT-14475
196 bay tobiano stallion
Ist der erste Paint Hengst in Europa; hat Paint- und Pinto Papiere; drei Farben; Vater war AQHA; vererbt Farbe zu 90%.

AMERICAN HORSE FARMS, Eva + Alan Jacob, 6754 Otterberg, Tel.: 06301/2285

Eine ganz tolle Bildergeschichte über uns Schildkröten. Ich bin Ruga und mit Tata zusammen die Hauptfiguren in dem Buch. Wir sind beide soooo süß!
Tata & Ruga
Jawohl, das stimmt, und unser Buch ist etwas für alle süßen Kinder und für alle netten Erwachsenen.
Ein Buch zum in die Luft gehen! Einfach kröten-stark!
Ich habe gerade noch ein Buch erwischt. Glück gehabt!
Meeensch, sind die Bücher schwer. Jedes hat 40 Seiten und tolle Farben.
..... zum immer wiederangucken und sich freuen.
Von den DM 29,50 gehen DM 12,38 an die Aktion »Rettet die Schildkröten«.
»RETTET DIE MEERESSCHILDKRÖTEN«
Mit dem Kauf dieses Buches unterstützen Sie die Aktion. Erhältlich im Buchhandel oder direkt bei:
Eva M. Hoppe · Meisenweg 6 · 2114 Wenzendorf

Eine ganz tolle Bildergeschichte über uns Schildkröten. Ich bin Ruga und mit Tata zusammen die Hauptfiguren in dem Buch. Wir sind beide soooo süß!
Jawohl, das stimmt, und unser Buch ist etwas für alle süßen Kinder und für alle netten Erwachsenen.
Tata & Ruga
Ein Buch zum in die Luft gehen! Einfach kröten-stark!
Ich habe gerade noch ein Buch erwischt. Glück gehabt!
Meeensch, sind die Bücher schwer. Jedes hat 40 Seiten und tolle Farben.
..... zum immer wiederangucken und sich freuen. Von den DM 29,50 gehen DM 12,38 an die Aktion »Rettet die Schildkröten«.
»RETTET DIE MEERESSCHILDKRÖTEN«
Mit dem Kauf dieses Buches unterstützen Sie die Aktion. Erhältlich im Buchhandel oder direkt bei:
Eva M. Hoppe · Meisenweg 6 · 2114 Wenzendorf